新一代信息通信技术标准化

高媛 高波 韩祥辉 周栋 王欣晖 编著

STANDARDIZATION OF NEW GENERATION INFORMATION
AND COMMUNICATION TECHNOLOGY

机械工业出版社
CHINA MACHINE PRESS

图书在版编目（CIP）数据

新一代信息通信技术标准化 / 高媛等编著 . -- 北京：
机械工业出版社, 2025. 7. -- ISBN 978-7-111-78276-6

I. G202-65；TN91-65

中国国家版本馆 CIP 数据核字第 2025AU1805 号

机械工业出版社（北京市百万庄大街 22 号　邮政编码 100037）

策划编辑：张　莹　　　　　　　　　责任编辑：张　莹

责任校对：孙明慧　李可意　景　飞　责任印制：单爱军

保定市中画美凯印刷有限公司印刷

2025 年 7 月第 1 版第 1 次印刷

186mm×240mm · 11.5 印张 · 202 千字

标准书号：ISBN 978-7-111-78276-6

定价：79.00 元

电话服务　　　　　　　　　　　网络服务

客服电话：010-88361066　　　机 工 官 网：www.cmpbook.com

　　　　　010-88379833　　　机 工 官 博：weibo.com/cmp1952

　　　　　010-68326294　　　金 书 网：www.golden-book.com

封底无防伪标均为盗版　　　机工教育服务网：www.cmpedu.com

　　《新一代信息通信技术标准化》是信息通信行业期望已久的专业著作。该书由中兴通讯长期从事标准化工作的专家团队编写，凝聚了他们丰富的经验和深入思考。该书内容涵盖标准的基础知识、通信技术，以及技术标准化工作等多个方面，既可以作为信息通信领域标准化的培训用书，也可以用于通信标准化人才的培养。

　　在国际电信联盟工作的 36 年间，我作为中国通信专家多次参加国际电信联盟标准化研究组会议，有幸见证了中国通信标准化工作的蓬勃发展，包括中兴通讯在国际标准化工作中的成长与壮大。多年来，我与该书的部分作者保持着接触和合作，看到他们参与编写该书，我感到非常高兴并衷心祝贺他们！

　　从 21 世纪初第三代移动通信技术（3G）标准发布以来，移动通信技术以每 10 年一代的速度快速迭代发展。如今，第五代移动通信技术（5G）已成功走进千家万户，并在日常生活与工业生产中发挥着日益重要的作用。与此同时，第六代移动通信技术（6G）标准的制定正稳步推进。在当前行业快速发展的背景下，对行业从业人员的素质要求不断提高，这一问题随着行业的进一步扩展和升级，将会变得越来越突出。此外，行业标准化工作亟待进一步完善和提升，需要大量直接参与标准化工作的专业人才和大量支持标准化工作的一线技术人员和各级管理人员，以提高行业的竞争力。然而，目前行业内标准化队伍的供给速度与质量尚无法满足行业发展的需要。我们仍需努力改善这一现状。

　　中兴通讯很早就意识到标准化工作的重要性，特别是参与国家级和国际标准化工作的重要性。经过多年努力，中兴通讯从事标准化工作的专家团队已成为通信行业标准化研究与制定的领军者。难能可贵的是，中兴通讯还展现出推动专业人才培养和教育的情怀和远见，积极投身于信息通信行业标准化人才的培养事业。在该书中，中兴通讯将过去数十年在信息通信行业标准化领域的实践经验、理解和思考进行了系统梳理，大胆尝试将标准化人才培养从"以师带徒"向"专业培养"模式转变。他们还与高校合作开展"产－学－研－教"的实践探索，进一步优化标准化人才培养体系。

　　该书的出版，为更多部门、机构、高校、企业参与通信标准化工作、制定和实施通信标准化教育体系提供了有力支撑，有利于培养更多高质量行业标准化人才，助力信息通信产业高水平发展。

中国通信学会名誉理事长、国际电信联盟（ITU）前秘书长　赵厚麟

《新一代信息通信技术标准化》是通信信息领域标准化人才培养的重要参考书。它不仅涵盖了标准化理论和信息通信领域标准技术等必要知识，还融入了中兴通讯多位专家在标准化一线积累的数十年经验，以及近年来开展的产教融合、专业与标准化教育融合模式的实践经验。

在我担任国际标准化组织（ISO）主席期间，曾积极推动标准化教育纳入高等院校教育体系，并在韩国、瑞典等国家的部分高校成功落地了一些切实可行的模式。我国在《国家标准化发展纲要》中也明确提出，将标准化纳入普通高等教育、职业教育和继续教育体系，并开展专业与标准化教育融合的试点工作。

标准化在各行各业应用广泛、影响深远，但目前尚未形成独立的理论或学科。它与行业、专业紧密结合，难以构建通用的理论模型。由中兴通讯的专家们编著的这本书以及其中的产教融合模式，无论是在特定学科中嵌入标准化专题，还是在课程体系中设置标准化专题课程，都为标准化教育提供了切实可行且有效的落地方式。

标准化是一个复杂且丰富的领域，需要扎实的技术和业务知识，同时也需要人际沟通、谈判和游说等软技能。标准化教育任重而道远，而创新主体企业的参与能够充实教育中的实践部分，完善标准化教育体系。信息通信领域的产教融合、专业与标准化教育融合模式方面的成功经验，可以进一步推广至其他行业，从而加强标准化人才队伍建设，营造良好的标准化社会环境。

中国金属学会理事长、国际标准化组织（ISO）原主席　张晓刚

推荐序三 |Foreword|

在全球化的今天，标准化已成为推动技术进步、经济发展和社会繁荣的关键基石。我们深知标准化在通信技术领域的重要性。通信技术的每一次重大突破，都离不开全球标准化组织的共同努力。从 2G 到 5G，再到 6G，标准化不仅确保了技术的互操作性和全球兼容性，还为创新提供了坚实的基础。

《新一代信息通信技术标准化》一书正是对这一领域标准化的深入研究与总结。该书系统地介绍了标准的基本概念、历史背景及其在信息通信技术（ICT）中的应用，并详细解析了 5G 技术的标准化进程及其对各行各业的深远影响。书中不仅提供了信息通信标准从业人员需要掌握的理论知识与实践技能，还将中兴通讯的实践经验提炼形成了经典案例，将标准制定过程具体化。通过案例学习，读者可以尝试分析和解决标准制定中遇到的问题，从而实现"虚拟化实践标准制定"的目标。此外，该书还前瞻性地探讨了 5G-Advanced 的演进路径以及 6G 标准化的愿景与挑战，帮助读者全面了解通信技术标准化的现状与未来发展。

中国通信标准化协会及其会员单位，包括中兴通讯在内，一直致力于推动全球通信技术的标准化工作。我们相信，该书的出版将为全球通信行业的从业者、研究人员和政策制定者提供重要的参考，帮助他们更好地理解标准化的意义与价值，并在未来的技术演进中发挥更大的作用。

最后，希望该书能够成为通信技术标准化领域的一部重要著作，为全球通信技术的发展贡献一份力量。

中国通信标准化协会理事长　闻库

　　《新一代信息通信技术标准化》一书的出版，标志着产教融合、专业与标准化教育融合模式的成功实现。同时，这本书也是中兴通讯与东南大学合作开展标准化人才培养的重要成果。

　　中兴通讯标准化团队率先访问东南大学，提出了信息通信技术标准化教育的创新性建议。作为通信行业的领军企业，中兴通讯在过去20多年间，历经2G、3G、4G、5G的演进，积累了丰富的标准化经验，处于行业领先地位。东南大学在相关领域也具备显著的专业优势和标准制定经验。然而，尽管学校在技术研究和标准制定方面具备很强的实力，但现有课程体系中却很少涉及标准制定流程、标准化体系特征以及标准制定实践等内容。此外，标准化工作所需的"软技能"，如跨部门沟通、协调能力、国际谈判技巧等，也未在课程中得到充分体现。这导致学生在进入职场后，面对实际的标准化工作时，往往感到理论与实践脱节。

　　针对上述问题，东南大学与中兴通讯创新合作模式，开展标准化人才培养。这种创新合作模式不仅弥补了原有课程体系的不足，还通过引入企业实际案例，帮助学生更好地理解标准制定的全过程。这种模式不仅提升了学生的专业素养，还为他们未来的职业发展奠定了坚实基础。

　　产教融合、专业与标准化教育融合的模式，为在校学生构建了基于产业标准化实践的梯度化知识体系，为信息通信行业的标准化人才培养提供了新思路，完全契合国家关于完善拔尖人才选拔和培养机制的要求。该书可助力我国高等院校在培养专业技术人才的基础上，进一步培养具备创新管理与技能的领军人才和行业领袖。通过学习该书，学生不仅能掌握标准化的理论知识，还能在实践中提升解决复杂问题的能力。

　　标准化工作是一项需要长期积累和经验传承的工作。中兴通讯将标准化专家在工作中的宝贵经验系统整理后编著成书，不仅可以供课程配套使用，还可以为在职人员提供学习参考。

东南大学副校长、首席教授、博士生导师　金石全球标准化组织是一系列组织的统称，负责制定、发布和推广国际标准，以确保产品和服务的质量、安全、兼容性和效率。在全球化背景下，标准化组织的作用尤为重要，因为其有助于降低贸易壁垒，促进跨国间的交流与合作。

在千行百业中，通信行业由于设备间的互操作、漫游等需求，天然具有国际标准化的特性。下一代通信网络作为新一代信息技术的重要组成部分，也是国家重点推进的战略性新兴产业的重要内容，对推动新质生产力的发展具有重要意义。

5G 技术的全球部署正在加速，为各行各业带来了创新变革。标准化组织如 3GPP 正在不断更新和完善 5G 标准，以支持更多用例和更广泛的应用。目前，6G 在国际上虽然还处于萌芽阶段，但已经在业界达成一些共识，包括制定全球统一的 6G 标准及围绕六大应用场景展开研究等。

在此背景下，本书关注新一代信息通信技术标准化，探讨标准、解析技术，从逻辑上分为两个部分。

第一部分（第 1 ～ 3 章）从标准的概念谈起，介绍了标准的定义、日常生活中的标准、标准化的益处与风险、信息与通信技术标准化的格局、标准的产生过程、标准化人员在组织中担当的角色、需要具备的能力以及为履行职责所开展的专业活动。随后介绍了标准化组织、不同地理范围的标准以及标准与监管、立法和政策制定。接着描述了标准化与创新、知识产权的相关性，以及标准化对经济发展的贡献和战略价值。

第二部分（第 4 ～ 8 章）介绍了移动通信技术标准化的发展、5G 通信技术与标准化、5G-Advanced 作为 5G 的演进和迈向 6G 过渡阶段的关键技术及其标准化过程，并展望了 6G 标准化的愿景、典型应用场景和发展趋势。最后，结合以往的标准化经验，分享了在新时代背景下对标准化的理解、实战经验的总结以及实践案例的分析。

通过本书，读者可以了解标准化的过程及其重要意义，学习 5G 通信技术和标准体系，展望 6G 的技术演进和标准化方向。

本书的撰写汇聚了众多标准化工作一线专家的智慧与经验，他们为本书的完成倾注了大量心血。在此，特别感谢周星月、李振东、谈杰、曲志诚、徐嘉利、马伟、郭枭龙、陈杰、张楠、卢有雄、邱徽虹、陆丽、董霏、薛飞、蒋创新、时荣伟、张阳、刘睿祺、宋晓慧、刘静、黄河、魏兴光、韩志强、仲丽媛、周帅等专家，他们以丰富的专业知识和实践经验为本书提供了坚实支撑。此外，还要感谢胡留军、许进、田力、李儒岳、黄河、朱进国、高音、赵亚军、李冬梅、刘红军、许玲等技术专家和标准专家为本书提供了宝贵的技术支持和专业指导。正是他们的无私奉献与专业精神，才使本书得以顺利完成。

|Contents| 目　　录

标准概述

1.1 标准化的基础

1.1.1 引言

在剑桥词典中，"标准"一词被定义为："一种普遍接受的模式或模型"（例如：这个程序是计算机行业的标准）和"一种质量水平"（例如：这项工作质量低下 / 不符合标准）。正如我们将在后面介绍的，这两个定义可以适用于我们工作的不同场景。

目前，我们主要使用第一个定义，该定义可以表述为：

> "标准"是"广泛认可的一种做某事的方式"。根据具体的应用领域，"做某事"可以用"设计产品""构建流程""实施过程"或"交付服务"等替代。

显然，"标准"即"广泛商定的、普遍采用的"做事方式，能带来很多好处。实际上，标准是描述广泛认可的做某事的方式的文档。可以说，没有标准，我们的技术世界根本无法运转，或者即使运转起来也会更加困难和不便。

标准化是一种活动，为了在既定范围内获得最佳秩序并促进共同利益，而对现实问题或潜在问题确立共同使用和重复使用的条款，并编制、发布和应用相关文件。

标准化是结合管理实践、生产实践、技术研究实践的有目的的活动，获得最佳秩序、促进共同利益是标准化的主要目的。

进一步，让我们思考一下。如果每个计算机制造商采用不同的键盘排列方式，或者每个外设制造商使用自己的特定连接器甚至独有的协议，计算机用户会面临什么样的困难。一方面，用户只能选择有限的兼容设备；另一方面，计算机和外设制造商将不得不在设计时预先确定希望交互的对应设备。

形成广泛认同的做事方式的过程，可以称为"标准化过程"（或简称"标准化"）。一些组织已经建立了完善的标准化流程，这些组织称为标准制定组织或标准化组织（SDO）。这些流程可以作为区分不同类型"标准"的首要依据。例如，我们最初可以将"事实标准"与"由专门的标准制定组织制定的标准"或"SDO 标准"（有时也称为"法定标准"）区分开来。

当某一成功的解决方案在某一细分市场的不同行业内被广泛且独立地采用，并且基于该解决方案开发的产品被客户广泛接受时，就形成了"事实标准"，也称为"实际标准"。

与"事实标准"不同，"SDO 标准"是由专门组织制定的，这些组织称为标准制定组织。

SDO 的法定目的是制定标准，并通过正式、明确的程序，确保公平的制定过程。图 1.1 展示了几个 SDO 示例，包括国际标准化组织（ISO）、国际电工委员会（IEC）、国际电信联盟（ITU），以及中国通信标准化协会（CCSA）。

图 1.1　SDO 示例

标准制定组织发布的事实标准可以成为 SDO 标准。这种转变的一个例子是 PDF（便携式文档格式），该格式由 Adobe Systems 于 1993 年创建，后来被 ISO 正式标准化。此外，还有其他制定标准的方式，其流程介于上述两种类型之间（即用于制定事实标准和 SDO 标准的流程）。一个典型的案例与行业论坛或联盟相关，它们不一定严格遵循正式标准化所确定的规则，但经常制定具有实质意义的标准。

1.1.2　日常生活中的标准

标准影响着我们的日常生活，因为许多技术、产品和服务都基于既定标准。下面将列举一些典型案例，阐述日常生活与标准之间的紧密联系。我们还提到了其他一些著名的标准制定组织和实体（例如工业论坛和联盟）。有关这些组织的工作范围和更详细的信息，可参考第 2 章。

◎ 示例

案例 1　智能手机浏览网页

互联网冲浪是当今最常见的用户行为之一，特别是在使用智能手机等移动设备时。支持这一场景的各种设备（如智能手机、移动和无线网络设备以及服务器）和软件模块（通信协议、浏览器和 Web 服务器应用程序）之间的共享与互操作尤为重要。实际上，有许多标准为该场景中的主要组件提供了基本的参考设计规则。其中一些标准与用户设备的硬件特性相关，同时也兼顾了安全问题。其他标准涵盖了用户设备与移动和无线网络之间的连接及其总体功能。此外，还有一些标准涉及互联网的功能和支持网页浏览的协议。

智能手机生产商通常参照 ISO/IEC 关于无线电和电信终端设备的标准，这些标准规定了安全与健康、电磁兼容性以及无线电频谱有效利用方面的基本要求。

智能手机制造商、移动网络设备制造商和运营商在移动网络接口和功能方面可能会参考第三代合作伙伴计划（3GPP）。3GPP 是开发全球公认解决方案的领先组织，定义了广受欢迎的第三代 UMTS、第四代 LTE 和第五代 5G 协议，以支持通过移动网络进行数据交换。类似地，为了支持通过无线局域网进行数据连接，智能手机制造商和设备制造商可以参考广泛使用的 Wi-Fi 和蓝牙技术，它们分别由 IEEE 和蓝牙技术联盟（SIG）进行标准化。

在互联网环境中，兼容性和互操作性问题尤为具有挑战性，这需要复杂的基础设施来支持各种异构设备和软件应用之间的信息交换。因此，尽管互联网技术不断发展，仍需建立共同规则以确保互操作性。

IETF（互联网工程任务组）是制定互联网技术标准的主要贡献者，IETF 标准涵盖了互联网的基本功能，例如地址分配、流量路由和网络安全。

作为对 IETF 标准的补充，万维网联盟（W3C）定义了网络功能协议，例如广泛使用的网页构建语言（如 HTML 超文本标记语言和 XML 可扩展标记语言），这些语言提升了互联网上不同平台间的互操作性。

以确保互操作性为目标，标准活动也适用于开发网络内容和应用工具。其中一个值得关注的案例是 ECMA 与 ISO 共同开发了一种标准脚本语言，该语言是流行的 JavaScript 技术的基础，用于构建交互式网页并支持在线软件应用。

> **案例2　使用个人计算机**
>
> 　　与案例1不同，一台独立的个人计算机似乎是一个相对简单且自成一体的设备，每个制造商都可以使用其专有技术制造个人计算机。然而，即便在这种情况下，基于共同标准的设计方法也有许多好处。它允许来自不同供应商的基本组件互换使用，简化与外部设备和网络的连接，并确保为用户提供安全且环保的产品。事实上，一篇Biddle等人在2020年发表的论文中确定了一台个人计算机中实施的251项技术互操作性标准，并估计实际的标准总数（包括质量、安全性、性能、测量、环境、可及性、设计过程、制造过程和电磁兼容性等方面）可能超过500项。在确定的251项标准中，有202项（80%）由标准制定组织制定，49项（20%）由单个公司制定。

1.1.3　正式标准化、组织制定标准与监管

　　本节将重点关注制定标准时采用的参考流程，即正式标准化。

> 　　正式标准化是一个定义明确的过程，对任何个人或组织开放，其结果是通过与所有相关方达成共识而产生的。正式标准化过程中，国际标准化指导原则起到了重要的启发作用，其中最重要的是世界贸易组织（WTO）技术性贸易壁垒（TBT）委员会制定的原则。TBT委员会提出了制定国际标准的六项原则：透明、公开、公正和共识、有效和实用、一致，以及发展维度。在一些资料中，正式标准化也称为委员会标准化。

　　正式标准化是标准制定组织用于制定标准的流程。因此，我们称这些标准为SDO标准。SDO和管理利益相关方（如制造商、供应商、消费者、监管机构，以及学术界和专业人士）参与标准化工作。在此过程中，SDO执行正式标准化的所有程序，在利益相关方之间建立共识，以确保标准制定过程的公正和最终成果的质量。

　　因此，制定标准需要专家组共同协作来定义和描述共享且可互操作的解决方案。在标准制定过程中，"建立共识"和"公平的发展过程"这两个核心概念至关重要，它们体现了"标准"的本质特征。

　　"建立共识"意味着标准是所有参与者和利益相关者之间协调的产物，旨在达成普遍共识，并消除对实质性问题的持续反对。

　　"公平的发展过程"意味着共识建立过程受到程序的规范，这些程序旨在确保所

有参与方都能够表达观点，并调和冲突的论点。该过程包括向利益相关者公开 SDO 内部机构的活动，并为所有成果设立正式的审查和批准程序。

"标准"的一个主要特征是其基于"自愿原则"。这一特征使得"标准"与"法规"有所不同。遵守标准是自愿的，但法规是强制性的。法规由授权的权威机构制定，适用于特定的领土或市场。不符合法规要求的项目（如产品、服务、流程等）在适用这些法规的领土或市场上不允许销售或使用。而不遵守标准通常不会在"法律上"限制某项物品的流通。

尽管"标准"与"法规"之间存在区别，但它们有时也可能相互关联。监管机构可能会在法规中引用已建立的标准，因为这样可以简化并加速监管工作，指向标准中定义的成熟且广泛认可的最佳实践。

"标准"的另一个主要特征是其"范围有限"。标准旨在定义一个项目的最低要求集合，以便满足某些明确定义的目标，例如保证一定程度的互操作性或设定最低性能水平。标准并不是限制项目发展的详尽设计规则，符合标准的项目有多种实现方式。在这方面，标准不应取代设计师，也不应（至少在原则上）限制设计师在开发新产品或服务方面的创新潜力。相反，它们为设计师提供了指南和规则，这些规则有助于确保最终结果的互操作性和质量达到一定水平。

1.2　标准化的益处与风险

1.2.1　标准化的益处

作为一套经过协商制定的规则或定义，标准对经济整体发展和可持续创新均有益。标准为定义产品、服务和流程要求提供了通用语言，可用于不同情境以满足多样需求。标准有助于确定与产品安全性、环保及技术特性相关的参考性能指标，从而设定可接受的最低参考水平。标准还能确保复杂系统中各部分间的正常协同工作，并定义统一的测试和测量流程，从而使不同生产商的产品在质量和性能上得以公平比较。

经济、环境保护和安全、创新三个领域可以从标准中获益。

标准通过激励投资推动了经济发展，因为标准确保了技术在合理时间内的稳定性，并通过促进互操作性实现规模经济。此外，标准为不同国家提供了一致的合规要求，为贸易提供了便利，从而鼓励更广泛和更公平的竞争。

在大多数技术领域，标准的存在对于巩固新技术和保留过去投资的发展路径至关重要，这在信息通信技术（ICT）等快速发展的行业中尤为明显。这种做法使投资更加经济，并促进其快速产生回报。标准除了在消除国际贸易壁垒方面具有显著的积极作用（尽管有时会因政治因素而受阻），还可以显著增加企业间的合作机会，尤其是小型和创新型企业能够从标准中获取关键技术解决方案。

标准通过定义指标来促进环境保护和安全，这些指标在行业中得到广泛应用，并经常被规范性法规引用。标准对环境具有以下积极影响：

- 支持可持续性和安全指标的标准，提供一系列被公司广泛认可的、可实现的指标及技术指南，促进更可持续产品和服务的设计与实现。
- 法规可以利用标准设定安全和可持续的约束条件。
- 参照标准或法规的产品标签，以通用、明确且易于理解的方式表明产品或服务的质量水平，从而提升公司和产品的形象。

标准通过促进产品、服务和流程之间的互操作性，对创新产生了积极影响。标准通过指导设计活动，提供了以下便利。

- 避免重复劳动并减少开发时间：如果已有现成的技术或方案，则无须重新发明，可以借鉴它们，从更高的起点开始。通过设定基本的产品指标，标准为设计者提供了有价值的参考，并为许多关键问题提供了一套经过验证的解决方案。
- 降低设计成本：通过指导设计活动，标准缩短了开发时间，减少了设计错误以及之后的重新设计。
- 降低风险：标准允许产品根据市场驱动和广泛接受的规则进行设计，从而提升产品的成功率。
- 提高质量：标准定义了经过验证的解决方案，从而提升结果的潜在质量。
- 缩短上市时间：这一效果源于开发时间的缩短以及对市场需求的契合。
- 开放跨境市场：标准保障的互操作性确保了在一个国家制造的产品能够在其他地区销售和使用。
- 吸引更多客户：向客户提供在开放竞争市场中可靠且高效的产品。

总的来说，标准的制定提升了创新在市场上的接受度，并激发了公司创新的内在动力。关于标准化与创新之间关系的全面分析，请参见第 3 章。

标准对经济、环境和创新产生的积极影响体现在产业和社会的收益上。标准通过推动新技术的开发和为新技术的应用提供便利，来确保公平竞争，并促进潜在的大规模市场渗透，为产业（尤其是新兴产业和中小型企业）带来益处。

一方面，标准对创新的积极影响体现在降低风险和投资、增加市场机会，以及鼓励开发新的先进产品或服务。另一方面，产品和生产流程的安全性和可持续性的提升使竞争更加公平，这是因为有了共同且可测试的目标或要求（由标准定义），并降低了不合规的风险（主要涉及安全性，也包括部分可持续性）。通过降低成本、提高效率以及扩大贸易和潜在市场，标准对经济和商业的益处进一步显现，确实可以作为有效的市场助推器，特别是对于新兴和创新型企业。

另一方面，标准对创新、经济和环境的促进作用也体现在社会层面，即社区和个人之间。通过推动创新，标准有助于满足人们的需求，从而改善人们的生活质量。此外，通过提升产品和生产过程的可持续性和安全性，标准也有助于提高人们的健康和安全。最后，通过促进产业间的公平竞争和降低产品成本，标准可以扩大客户的选择范围，确保他们获得具有最佳性价比的产品。

最后，值得注意的是，标准支持法规是非常重要的。许多国家在制定关于物体、服务和程序的安全性、质量或环境兼容性规则时，会在立法中引用标准。这种方法对立法者有许多优势。他们能够利用标准制定者的技术专长和资源，并获益于标准相较于法律和法规的更高的更新频率。立法者与标准制定组织之间的关系也可以明确并正式地作为制定法律和法规的一部分，立法者会发布请求（有时也称为指令），以制定支持标准的特定指南。有关这方面的详细信息，参见第 2 章。

1.2.2　标准化的风险

使用标准也可能存在一些弊端和风险。下面将列举并简要讨论一些广为人知的风险和弊端。此外，还将介绍标准制定组织如何应对这些风险，以减少其在不同情况下可能产生的负面影响。

标准化在科学领域可能存在一些弊端和风险，但不限于此，人们常常认为标准化可能会危及创新，因为标准一旦制定，可能会限制或延迟市场上新创新（尤其是颠覆性）解决方案的引入。这一弊端主要源于标准在某些情况下（特别是技术导向的领域）所产生的固化效应。在这种情况下，标准使人们更容易接触特定的技术，但同时（如果成功的话）也可能使该解决方案成为一种半强制性的选择，更难以被替代。此外，考虑到标准化过程的特性，将创新引入标准化（即基于创新技术制定新标准）可能十分复杂。事实上，为确保标准化开发过程的公平性并获得利益相关者之间的最大共识而制定的程序，也可能导致这些利益相关者花费很长时间才能达成一致。

通过有效管理标准化过程可大幅减少甚至消除这些不利影响。这种策略要求对市场的创新趋势和标准化活动中涉及的专家研究保持开放和积极响应的态度。这种策略已在信息通信技术（ICT）领域中得到应用，例如移动无线电网络，其中标准在不断演进（从2G到现在的6G），创新通常由标准制定组织与行业协会合作推动，如第3章所述。此外，为了缓解风险，标准制定组织经常会建立并支持开放的专家小组，以探索创新并推动新的标准化倡议，包括现有标准的演进。

标准化还可能会危及行业和国家之间的公平竞争，因为标准制定组织可能会被政治化或受到不当的"特殊利益"影响。

一般来说，所有（或至少大多数）参与标准制定过程的参与者都会试图维护其所代表组织（公司、国家等）的利益。为了降低这一风险，标准制定组织采取的主要措施是，一方面，扩大标准化过程的参与范围，以吸引尽可能多的称职能干的贡献者；另一方面，制定并实施公平透明的规则来管理标准的开发过程。扩大参与范围是保证公平性的关键，不参与的人无法保护自己的利益。这一点对小规模公司来说尤其重要，它们可以通过组团来参与标准化工作，而无须投入过多资源。

此外，我们需要考虑效率与公平性之间的平衡。事实上，大量参与者参与标准化工作可能会使达成共识变得更加困难，并消耗更多时间，从而延迟标准的上市时间，甚至可能导致失败。在这方面，标准制定组织的作用至关重要，其需要以正确的方式进行管理，推动组织在公平性、技术卓越性和时效性之间实现适当的平衡，同时保持开放性和包容性。

现代社会，标准重要性的提升催生了大量标准制定组织，这些组织在利益和目标上常常（至少部分）重叠，有时甚至在某些情况下成为竞争对手。在这种背景下，多样化的标准化环境导致了标准的不一致性，因为不同标准制定组织制定的标准可能涵盖相同主题或部分重叠，但提供了不同的解决方案。这些情况可能导致不一致或冗余的指标，从而影响标准化的实际收益。此外，标准和标准制定组织无协调、无控制的过度增长，会加剧之前提到的"不公平性"风险，因为一些标准制定组织可能会滥用职权来支持某些地区或特定利益群体。

有两种方式可减轻这种可能的负面影响。第一种需要标准的用户和贡献者（除了标准制定组织的创建者）采取行动，仔细选择最合适的标准制定组织。第二种是由标准制定组织自身采取行动，即促进标准制定组织之间的交流，增加协作并联合协调行动。

上述提出和讨论的问题只是标准化的一些潜在缺点。其他风险和缺点将在后续章节中阐述。然而，如果上述风险得到正确和有效的管理，标准化的负面影响将变得微小，从而正面效果将显著超过负面效果。

1.3 信息与通信技术标准化的格局

对信息与通信技术（ICT）标准化格局的了解是有效应对标准和标准化工作的基本要求。掌握主要标准制定组织的基本情况十分重要，这有助于根据特定主题精准选取标准文献来源，或在期望对某一特定领域做出标准化贡献时，选择合适的机构参与。这类知识的关键作用因 ICT 标准化领域范围的广阔而更加突出。当前，全球有大量活跃的标准化组织，它们之间的关联错综复杂。

在本节中，我们将对标准制定组织进行基本分类，概述 ICT 标准化生态系统，并简要介绍领域内一些最重要的参与者。

我们可以考虑将标准制定组织分为三种基本类型：

- 地理覆盖范围是指某个标准制定组织所制定的标准预计将在哪些地理区域得到广泛接受和实施。
- 技术活动范围是指标准制定组织根据其章程所关注的技术领域。
- 来自监管或政治机构的认可程度。

考虑到选择合适的标准制定组织（SDO）通常与标准用户或制定者的利益地理位置密切相关，因此地理覆盖范围是首要且最简单的分类类型。在这方面，我们可以将标准制定组织分为以下三种类型：

- 国际标准制定组织。
- 区域标准制定组织。
- 国家标准制定组织。

◎ **定义**

国际标准制定组织（International SDO）拥有全球范围的成员，有时还包括国家或地区标准机构的代表，其成果具有全球范围的适用性。

◎ **示例**

在信息与通信技术（ICT）领域（尽管其中一些标准并不限于该领域），主要的国际标准制定组织包括国际电信联盟（ITU）、国际标准化组织（ISO）、国际电工委员会（IEC）、互联网工程任务组（IETF）、电气电子工程师标准协会（IEEE-SA）以及万维网联盟（W3C）(图 1.2）。

图 1.2　一些国际 SDO 的标志

国际电信联盟（ITU, https://www.itu.int）于 1865 年在巴黎成立，当时名为国际电报联盟。1934 年改为现名，并于 1947 年成为联合国的一个专门机构。ITU 分为三个部门（https://www.itu.int/en/about/Pages/whatwedo.aspx）：国际电信联盟无线电通信部门（ITU-R）、国际电信联盟电信标准化部门（ITU-T）和国际电信联盟电信发展部门（ITU-D）。国际电信联盟总部设在瑞士日内瓦，并在世界各地设有许多区域和地区办事处。ITU 的成员包括国家成员、部门成员，以及来自产业界、国际和区域标准化组织及学术界的合作伙伴。ITU-T 负责处理信息与通信技术的互操作问题，涵盖电子设计和测试规范的各个方面。ITU-R 负责协调全球无线电频谱和卫星轨道的使用，而 ITU-D 则致力于推动公平和可负担的电信接入，并帮助促进社会和经济发展。

国际标准化组织（ISO, https://www.iso.org）是一个独立的国际非政府组织，成立于 1947 年。当时，来自 25 个国家的代表在伦敦土木工程师学会召开会议，决定成立一个新的国际组织，以促进工业标准的国际协调和统一。如今，它汇集了来自 160 多个国家的成员，并设有数百个负责制定标准的技术委员会和小组委员会。ISO 中央秘书处位于瑞士日内瓦。各国成员通常由各国的标准制定组织（SDO）代表，例如，美国国家标准学会（ANSI）是美国的 ISO 代表。ISO 标准覆盖多个领域，如信息通信技术、医疗保健、能源和汽车等。

国际电工委员会（IEC, https://www.iec.ch）成立于伦敦，其起源可追溯到 1904 年圣路易斯世界博览会期间召开的国际电气大会上所做出的决策。IEC 于 1906 年 6 月 26 日和 27 日在塞西尔酒店举行了首次会议，由亚历山大·西门子担任主席。该标准制定组织负责制定和发布所有电气、电子及相关技术的国际标准，统称为"电工技术"。与 ITU 和 ISO 一样，IEC 总部设在日内瓦，并在各大洲设有地方机构。IEC 的成员是各国委员会，这些委员会由产业界、政府机构、协会和学术界的专家和代表组成。自 1987 年以来，与信息与通信技术相关的大部分活动都是由 IEC 在联合技术第一委员会中与 ISO 联合开展的。IEC、ITU 和 ISO 建立了一套明确的合作关系和协议，即在多个主题上保持高度协调，并经常开展联合行动。

互联网工程任务组（IETF，https://www.ietf.org）位于弗吉尼亚州雷斯顿，是互联网的管理机构，并得到了其他国家和国际标准化组织的支持。IETF 定义了互联网的基本标准运行协议，如 TCP/IP（传输控制协议 / 互联网协议），这是互联网的参考通信语言。IETF 的工作基于五个主要原则：（1）开放过程，即任何感兴趣的人都可以参与工作；（2）技术能力；（3）志愿者核心；（4）大致共识和运行代码；（5）协议所有权。IETF 作为互联网协会（ISOC）的一部分运作，ISOC 是一个成立于 1992 年的非营利组织，负责互联网相关的标准、教育、接入和政策方面的工作。此外，它还受互联网架构委员会（IAB）的指导。IAB 会既是 IETF 的决策机构，也是互联网协会的咨询机构。

电气电子工程师标准协会（IEEE-SA，https://standards.ieee.org）是一个标准制定组织，拥有大量现行的技术标准，涵盖无线通信、数字健康、云计算、电力与能源、3D 视频、电动汽车以及物联网等多个领域。该组织由美国电气电子工程师协会（IEEE）创建，汇集了来自世界各地的会员。

万维网联盟（W3C，https://www.w3c.org）的使命是通过开发协议、语言和指导方针，确保互联网的长期增长，从而引领万维网充分发挥其潜力。W3C 由万维网的发明者蒂姆·伯纳斯 - 李领导。作为一个非营利组织，W3C 由美国麻省理工学院计算机科学与人工智能实验室（MIT CSAIL）、总部位于法国的欧洲信息学与数学研究联盟（ERCIM）、日本的庆应义塾大学以及中国的北京航空航天大学共同主办，并在全球设有其他办事处。

◎ 定义

区域标准制定组织是指在特定地理区域内，由多个国家或地区共同组成的标准化机构，这些国家通常共享或推广共同的实践和规范。

◎ 示例

区域标准制定组织包括欧洲电信标准化协会（ETSI）、欧洲标准化委员会（CEN）、欧洲电工技术标准化委员会（CENELEC）、非洲地区标准化组织（ARSO）以及太平洋地区标准化大会（PASC）等（图 1.3）。

图 1.3　一些区域 SDO 的标志

欧洲标准化委员会（CEN）和**欧洲电工技术标准化委员会**（CENELEC）（https://www.cencenelec.eu）负责在欧洲范围内制定众多产品和服务的标准，这些标准规定了具体的规格和程序。CEN 和 CENELEC 的成员包括欧盟所有成员国的标准制定组织（也称为欧盟国家标准机构）和国家电工技术委员会，以及相关国家（如冰岛、挪威、瑞士和土耳其）的 SDO。CEN 和 CENELEC 批准的欧洲标准在所有成员国和相关国家均被接受和认可。CENELEC 专注于与 IEC 和 ETSI 紧密合作，开展电工技术工程领域的标准化工作；特别是，CENELEC 和 IEC 于 1996 年通过签署德累斯顿协议正式确定了其合作框架。CEN 还致力于消除欧洲利益相关方（如工业界和服务提供商）的贸易壁垒。CEN 与国际标准化组织（ISO）建立了紧密的技术合作关系；根据 1991 年签署的维也纳协议，CEN 和 ISO 共同规划新的标准项目，以避免重复工作并缩短时间。

太平洋地区标准化大会（PASC）（https://www.pascnet.org）成立于 1973 年，涵盖太平洋地区的大多数国家。其主要目标是加强 ISO 和 IEC 的国际标准化计划，提高太平洋地区标准化组织参与这些计划的能力，提升该地区经济体标准化的质量和水平，并通过促进标准化来提高经济效率，推动发展。

欧洲电信标准化协会（ETSI）（https://www.etsi.org）是一个非营利组织，由欧洲邮电管理委员会（CEPT）于 1988 年根据欧盟委员会的提议设立。ETSI 现有来自五大洲 60 多个国家的 900 多个成员。ETSI 是欧洲标准化组织（ESO），也是公认的负责电信、广播和其他电子通信网络及服务的区域标准化机构。ETSI 通过制定统一的欧洲标准来支持欧洲法规和立法。仅有三个欧洲标准化组织（CEN、CENELEC 和 ETSI）制定的标准被承认为欧洲标准。ETSI 与全球各类组织合作并建立了合作伙伴关系。特别是，它是国际第三代合作伙伴项目（3GPP）的合作伙伴，负责开发 4G 和 5G 移动通信技术，还与全球合作伙伴在 oneM2M 合作项目中共同制定机器对机器通信的标准。

非洲地区标准化组织（ARSO）（https://www.arso-oran.org）成立于 20 世纪 70 年代，隶属于非洲统一组织（OAU）。该组织的主要目标是协调国家或次区域标准作为非洲标准，发起并协调非洲地区标准（ARS）的制定工作，重点关注对非洲具有特殊意义的产品，如农业和食品、土木工程、化学和化学工程等，并鼓励和促进成员机构采用国际标准。

◎ 定义

国家标准制定组织（NSDO 或 NSB）在单一国家层面运作，并发布特定于该国的标准，经常与国际和区域标准化组织合作。

◎ 示例

国家标准制定组织包括中国通信标准化协会（CCSA，https://www.ccsa.org.cn）、美国国家标准协会（ANSI，https://www.ansi.org）以及日本工业标准委员会（JISC，https://www.jisc.go.jp/eng/index.html）。

中国通信标准化协会（CCSA）是国内企事业单位自愿联合组织，经业务主管部门批准，并在国家社团登记管理机关登记，在全国范围内开展信息通信技术领域标准化活动的非营利性法人社会团体。中国通信标准化协会采用单位会员制。作为开放的标准化组织，协会面向全社会开放会员申请，广泛吸纳产品制造、通信运营、互联网等企业，以及科研、技术开发、设计单位、高等院校和社团组织等参与。协会遵守中国宪法、法律、法规和国家政策，接受业务主管部门和社团登记管理机关的业务指导和监督管理。协会按照公开、公平、公正和协商一致的原则，建立以政府为指导、企业为主体、市场为导向，产、学、研、用相结合的工作体系，组织开展信息通信标准化活动，为国家信息化和信息产业的发展贡献力量。

中国通信标准化协会理事长寄语：

书写新时代标准化新答卷，共创信息通信产业新辉煌

——中国通信标准化协会理事长 闻库

开拓创新二十载，踔厉奋发开新局。CCSA 以"支撑政府、引领行业、服务会员"为宗旨，始终行进在逐梦信息通信标准、引领行业创新发展的奋进征程中，按照公开、公平、公正和协商一致的原则，建立了以政府为指导、企业为主体、市场为导向、产学研用相结合的工作体系。历经二十年创新实践，CCSA 已成为国内权威、国际知名的专业信息通信标准化平台，其管理的科学、规范、高效受到会员单位的充分信任和国内外产业界的高度认可。

标准研制"结硕果"，支撑产业新跨越。CCSA 坚持以标准制定为核心，兼顾国内国际两个市场，统筹推进信息通信行业标准、国家标准、团体标准和国际标准的制定，广泛开展国内外标准化交流与合作，完成各类标准 5500 余项，大力推进标准的实施应用，为我国信息通信产业持续健康高质量发展、由网络大国向网络强国迈进提供了有力支撑。

砥砺前行担使命，凝心聚力谋新篇。二十年风云变幻，CCSA 始终不忘初心、牢记使命。面对全球产业链数字化、绿色化、融合化的新趋势，CCSA 将推进 5G-Advanced、光通信、云计算、区块链、人工智能和 6G 等重点技术标准的制定，助力网络强国、制造强国、质量强国和数字中国建设；持续优化标准化工作体系，发挥平台的组织优势和行业赋能作用；深度参与全球标准化生态圈建设，分享中国技术方案，贡献中国智慧，共同推动全球信息通信产业创新发展。同时，积极借鉴和吸收国际先进经验和技术，做好国际标准的国内产业化，提升国内信息通信技术水平和产业发展质量。

征程万里风正劲，重任千钧再出发。凡是过往，皆为序章；凡是未来，皆有可期。当前新一轮科技革命和产业变革加速演进，数字化转型赋能浪潮奔涌而来，描绘了数字经济发展的新图景，唤起人们对美好信息生活的新期盼。让我们携手奋进再出发，共同奔赴 CCSA 下一个崭新的二十年，共同守正创新、力争勇攀 6G 新高峰，共同书写新时代标准化新答卷，共同开创信息通信产业新辉煌。

第二种分类标准与标准化组织的技术活动范围有关，这对于那些寻找与特定项目相关的标准的人来说至关重要。寻找涵盖特定主题的标准化组织似乎是一项简单的任务，但事实证明可能比预期复杂。事实上，每个标准化组织都会明确其使命，这由其章程所规定，并定义了其工作的基本范围，但这一使命可能会随着时间的推移而演变。其中一个主要原因在于技术和应用的发展，特别是在信息与通信技术领域，这可能导致不同标准化组织之间的职能重叠。另一个可能导致重叠的原因是区域、国家和国际标准化组织的共存，它们可能完全或部分共享共同的活动领域。

综上所述，在现实世界中，当寻找涵盖特定主题的标准时，研究人员还会发现一系列已解决该问题并产生相关文件的标准化组织。幸运的是，正如前面所述，研究人员可能还会发现一系列涉及标准化组织的合作轨迹，这些组织对共同问题采取了共同的解决方案。这些合作可能采取会员制（例如，区域和国家标准制定组织可能是国际标准化组织的成员，并继承国际标准化组织的标准），以及协议、联络函和合作伙伴关系的形式，以涵盖特定主题。

在最后一种分类（监管体系认可）中，标准化组织被分为两类："被认可"的标准化组织和"未被认可"的标准化组织。它们之间的唯一区别是，前者被监管体系或政治机构正式认可为标准的提供者，而后者未获得认可。

"被认可"的标准化组织的一个示例是国际电信联盟（ITU）。它是联合国负责信息和通信的专门机构，是政府和私营部门合作制定全球电信网络和服务技术的机构。另一个由政治和监管机构认可的标准化组织的示例是中国通信标准化协会。该协会在相关部门指导下，在信息通信技术领域组织开展标准化工作，其主要业务范围包括：

1）宣传国家标准化法律、法规和方针政策，向主管部门反映会员单位对信息通信标准化工作的意见和要求，促进主管部门与会员之间的交流与沟通；

2）开展信息通信标准体系研究和技术调查，提出信息通信标准制修订项目建议，组织会员单位开展标准草案的起草、征求意见、协调、审查、标准符合性试验和互连互通试验等标准研究活动；

3）组织开展信息通信标准的宣讲、咨询、认证、服务及培训，推动标准实施；

4）组织国内外信息通信技术与标准化的交流合作，积极参与国际标准化组织的活动和国际标准制定；搜集整理国内外信息通信标准相关信息和资料，支撑信息通信标准研究活动；

5）承担主管部门、会员单位或其他社会团体委托的与信息通信标准化有关的工作。

在未被正式认可的标准化组织中，最重要的两个例子是前面已经提到过的互联网工程任务组（IETF）和电气电子工程师协会（IEEE）。

此外，标准化组织可以创建工作组或项目，可能还涉及相关行业，通过合作制定具体标准。其中最重要的两个项目是 3GPP（图 1.4）和 OneM2M（图 1.5）。

◎ 示例

图 1.4   3GPP 标志

  3GPP（https://www.3gpp.org）将全球各国和地区从事电信领域标准化工作的组织，如日本无线电工业与商业协会、美国电信行业解决方案联盟、中国通信标准化协会、欧洲电信标准协会、印度电信标准开发协会、韩国电信技术协会、日本电信技术委员会，汇聚在一个合作项目中，并为其成员提供一个共享环境，以编制和定义移动通信技术的报告和规范。3GPP 涵盖蜂窝电信网络技术，包括无线接入、核心传输网络，以及服务能力、非无线接入核心网络接口与 Wi-Fi 网络的互操作性。

◎ 示例

图 1.5   OneM2M 标志

  OneM2M（https://www.onem2m.org）的目的是制定技术规范，以满足嵌入各种硬件和软件中的机器对机器（M2M）服务层参考框架的需求。OneM2M 的主要目标之一是积极鼓励与 M2M 相关的业务领域组织的参与，如远程信息处理、智能交通、医疗保健、公用事业、工业自动化、智能家居等领域。该组织的主要标准化组织合作伙伴与 3GPP 相同，并新增了美国电信行业协会。

  最后，必须指出的是，正如在前面已经描述的，除了标准化组织之外，还有其他重要的组织并不严格或完全采用正式的标准化程序，但同样致力于在特定领域制定标准，如行业论坛或联盟。它们由多个公司组成，这些公司就特定主题暂时联合起来，以实现、加速、补充或推动相关标准的制定。请注意，如果某个行业论坛或联盟完全遵守正式的标准化规则和程序，则它可以发展成为标准化组织。在信息与通信技术领域活跃的论坛和联盟中，典型代表包括宽带论坛（broadband forum）（图 1.6）、Zigbee 联盟（图 1.7）和欧洲计算机制造商协会（ECMA）（图 1.8）。

◎ 示例

图 1.6　宽带论坛标志

Broadband-Forum（宽带论坛，https://www.broadband-forum.org）是一个非营利性行业联盟，致力于建设更智能、更快速的宽带网络。该论坛的主要目标是为全球网络制定最佳实践，促进新服务和内容的交付，制定技术迁移战略，以及设计家庭和商用 IP 网络基础设施中的关键设备和服务，并开发管理工具。

图 1.7　Zigbee 联盟标志

Zigbee 联盟（https://www.zigbee.org）成立于 2002 年，是一个开放的非营利性会员协会，成员包括企业、大学和政府机构。其主要活动集中于开发和推广低功耗、开放型的全球无线网络标准，重点关注监测、控制和传感器应用，并通过认证计划确保产品制造商及其客户能够获得优质的 Zigbee 产品。

图 1.8　ECMA 标志

欧洲计算机制造商协会（ECMA，https://www.ecma-international.org/）由欧洲主要跨国计算机硬件制造商于 1961 年创立。虽然品牌名称得以保留，但如今 ECMA 的会员已扩展至世界各地的公司和学术机构。ECMA 特别关注硬件、软件、通信、消费电子、媒体、存储和环境等领域的标准化工作。ECMA 积极向 ISO、IEC 和 ETSI 提交标准，以供批准和发布，从而为其他组织的工作贡献力量。

1.4 标准的产生

本节介绍高质量标准的产生，包括标准制定过程、标准化专业人员的角色以及标准化专家的专业活动。

1.4.1 标准制定过程

1. 标准制定的原则

标准化以一套基本原则和机制为基础，促进标准的制定。这些原则最初由 ISO 描述，并被确定为世界贸易组织（WTO）技术性贸易壁垒（TBT）委员会 1995 年 G/TBT/1 协议的补充要点。在对该协议进行第二次三年期审查后，委员会通过了一项决定，其中包含一套略有修改的基本原则，委员会认为这些原则对国际标准的制定至关重要。这些原则同样适用于国际标准、指南和建议的制定。这些原则列于 G/TBT/9 审查文件附件 4 中，并进一步整合在 G/TBT/1 修订文件附件 2 中，该附件汇集了自 1995 年以来 WTO 的决定和建议。标准制定组织（SDO）和正式的标准化有望遵循这些原则。超过 200 个标准制定组织将这些规范及其原则应用于国际标准、指南和建议的制定。行业论坛和联盟经常在其方法论中应用这些原则，或至少部分应用这些原则。TBT 原则已被一些标准制定机构略微扩展，包括透明度、开放性、公正性、平衡性、共识性、有效性、相关性、发展维度和一致性。遵守这些原则对于法规所引用的标准化尤其重要。这也解释了为什么当局往往倾向于强制使用公认的标准制定组织发布的标准，这些标准完全遵守这些原则。

事实上，产业联盟通常有自己的一套规则。与 SDO 标准相比，它们通常更倾向于采用自己的规范。在联盟中，参与成员可能仅限于特定的行业团体，这可能导致开放性和透明度等基本原则的执行水平较低。

本节以 TBT 报告为基础，但并非仅限于此，旨在更广泛地介绍这些主要原则。此外，在解释每一项原则之后，我们还将介绍在现实生活中一些罕见情况下，人们如何为了满足特定利益而规避甚至违反这些原则。由于标准化对经济的影响很大，现实生活中的流程在系统性上并不如预期那样完善。

（1）透明度

如果标准草案在整个开发阶段都能公开地提供给所有工作组成员，并给予足够的时间让他们提出意见，就可以实现透明度。

透明度意味着这些意见将被收集、讨论和考虑。透明度还意味着在早期阶段通知标准提案，并在通过后及时发布已批准的标准。SDO 的工作计划与正在开发的标准清单一起发布，并保持更新。新的标准提案应明确其范围和目标。组织治理和活动所采用的政策以及标准制定过程的规则应便于所有成员和标准用户查阅。

然而，在一些现实情况下，标准可能会在很短的时间内被提交批准，而几乎没有通知到同行工作组成员，他们也没有机会在文件批准前阅读和仔细分析文件。

（2）开放性

标准化过程的开放性意味着，从 SDO 政策制定和标准草案评论，到标准的批准和传播，所有阶段的任何利益相关方均可在平等的基础上轻松访问该流程。还需建立一个监测系统，定期验证不同标准的潜在修订和时效状态。

行业论坛 / 联盟可能会无视这一原则，举行闭门会议，成员资格仅限于对特定行业感兴趣的公司。标准（无论是正在制定的还是已批准的）的访问权限可能仅限于付费会员。相比之下，标准制定组织（SDO）通常会向付费会员提供已批准标准的访问权限，有时甚至免费提供。

（3）公正性

公正的过程由利益各异的相关方管理，从而避免受到资金或利益相关方的影响。标准制定流程不会给予特定供应商、国家或地区特权或偏袒其利益。

SDO 规则赋予所有标准化工作参与者相同的基本权利，但在特定情况下可能会授予附加的特殊权利。任何直接或间接受到该活动影响的相关方，都可以在开发过程的任何阶段提出新标准、提交意见和文稿。他们还可以表达自己的观点或要求修订过时的文件。

在这个问题上，专利等知识产权（IPR）是一个非常敏感的话题。SDO 通常要求尽早声明已知的知识产权，以便采取适当的行动，例如选择另一种技术或确保所有实施者和用户都能在公平合理的条件下获得许可。

然而，提出的标准可能纯粹是为了满足某一供应商或政府实体的利益。或者，主导市场的大公司可能根本不愿意制定任何标准，并可能试图采取强硬态度来拖延这一进程。

（4）平衡性

如果允许所有代表表达立场和意见，并充分考虑每一位代表的观点，那么就能实现平衡的标准化进程。这一原则也可视为公正性原则的一部分。

根据这一原则，开发过程不会偏向某一特定供应商、国家或地区。用于标准开发的平台是中立的，各方都可以平等使用。所有利益都会被考虑在内，无论是私人利益、公共利益、经济利益、社会利益还是环境利益。委员会官员必须在其工作中保持中立立场。

然而，在某些情况下，可能会发生违背平衡性原则的现象，即参与者的有效意见被记录下来，但未被进一步纳入标准的一部分，因为它与特定利益相关方的目标相冲突。SDO管理规则倾向避免这种情况。

（5）共识性

如果一项标准能够得到绝大多数利益相关方的支持，则可达成共识。但仍需尽一切努力达成一致意见。所有利益相关方的观点都会被考虑，即使他们的观点存在分歧，但在实质性问题上没有表达持续的反对意见。SDO制定规则旨在协调相互冲突的论点，包括对提出的反对意见进行讨论，直到大多数参与者能够达成一致意见。达成一致意见的艰难谈判通常在SDO正式会议之外进行，然后将结果提交会议并再次讨论。无论如何，共识并不一定意味着一致同意。当无法达成完全共识时，可以通过投票程序等方式获得标准的批准。这取决于SDO的既定程序。

在实践中，可能会采取行动来压制一个或一组利益相关方的反对意见，例如在很短的时间内提供最终版本，以促进有争议标准的通过。然而，成员团体可能会无意中将许多"很少参与"的成员带入投票环节，从而阻碍审批流程。

（6）有效性

标准应在科学和技术发展的基础上，经证明可行且适当时制定。众所周知，在产品商业化之前，规范可能尚未完全稳定（例如beta测试）。通常认为，那些技术性能指标或规定实体之间接口的标准比描述性或设计性标准更有效、更适用。此外，拟发布标准的质量需经独立审阅者检查。一些SDO要求在相关标准获得批准之前需进行概念验证。

然而，有些标准是为了描述一种非常新兴的技术，这种技术尚未成熟，但其支持者希望这种技术尽早进入市场并阻碍其他竞争技术的发展。由于未来市场格局和竞争地位尚不明确，这些标准中的经济利益可能显得模糊不清。因此，在起草标准时，最好通过实际实施和测试活动积累经验，以验证标准的可行性和有效性。

（7）相关性

相关性意味着标准应响应市场和监管需求。标准可以由不同的供应商实施，并在市场中流通。它们不会试图改变全球市场，也不会阻碍创新和未来技术的发展。风险评估研究有助于判断是否会出现不利影响。在标准制定机构，知识产权政策确保了程序透明、战略计划定期修订，以分析和跟踪市场发展及其利益相关方的需求。

（8）发展维度

根据发展维度原则，标准化过程向所有相关方公开，并鼓励发展中国家参与。例如，SDO 常设工作人员为相关代表提供额外的技术支持。根据这一原则，标准化进程应保持中立，不应偏向特定国家或地区，因为世界其他地区存在不同的需求。此外，标准化进程应以市场为导向，而非以监管为导向，不应仅仅满足某一国家当局的需求。

然而，实践中可能会出现偏离这一原则的情况，正如 TBT 协议所承认的那样，技术法规和标准是为了保护国内产业而发布的。

（9）一致性

在遵守一致性原则时，SDO 应注意避免重复其他 SDO 的工作。标准化有助于维护市场的一致性，并防止引入与其他 SDO 制定的标准相冲突或重叠的技术或 ICT 解决方案。

与其他 SDO 的协作而非竞争至关重要。一致性还意味着国家标准化组织不会与其所属区域组织的标准并行制定。例如，在欧洲，此过程称为"停顿"。合作可以建立在不同层面，例如委员会或小组委员会之间的联络或信息交流，或创建由两个标准制定组织或协调小组共同组成的协作团队，负责交流和讨论工作方案。伙伴关系项目是此类合作的另一种形式，旨在协调区域标准制定组织和行业联盟的活动。3GPP 是 ICT 领域一个著名的案例，它成功制定了移动通信标准。

然而，在标准化实践中，利益竞争方可能会要求标准制定组织或联盟同时为同一市场的技术制定标准。它们声称依靠市场来选择"赢家"，但实际上，它们却分裂了市场并阻碍了市场的发展。此外，在快速发展的 ICT 领域，已经或正在组建大量工业联盟。协调这些联盟的工作，同时与 SDO 的活动并行推进，是一个巨大的挑战。

即使在预算受限的情况下，公认的标准制定组织也必须保证标准化流程及其 IT 基础设施具备长期可行性和稳定性。这类组织需要处理大量数据、技术文档、利益相关方协调及沟通事务，并确保提供足够的资金，同时通过完善的治理机制贯彻开放性和公正性等基本原则。

2. 标准规范

标准规范由一系列要求组成，这些要求确保自愿实施该规范的产品符合标准。除了前面介绍的良好实践原则外，标准规范的内容和质量也很重要。编写不当的标准可能带来额外的交易成本，降低产品的安全性和质量，并导致贸易壁垒。它们还可能限制创新，劣质技术，并阻碍可互操作产品和系统的开发。因此，高质量的标准规范应满足以下要求。

- 必要性。它们仅规定了实现和满足标准目标所需的条件，而非实现这些目标的具体方式。它们不强制采用特定的实现方法，而是允许开发各种相互竞争且可互操作的产品或服务。
- 明确性。它们在技术上是可信的，不可有多种解释方式。理由陈述可以与要求相关，用于解释其开发过程中使用的标准，并向开发人员提供相关信息。
- 全面性。它们包含了理解其含义所需的所有信息，无论是直接理解还是通过参考其他文件来理解。
- 精确性。表述应清晰简洁，语言通俗易懂，避免不必要的细节，不会混淆概念或阻碍标准实现。
- 结构合理。各要素应以适当方式纳入，确保易于阅读和理解。
- 一致性。不同标准之间不存在矛盾，与其他相关标准之间也不存在冲突。
- 验证性。需有明确的方法进行测试，以证明实施符合要求。
- 易于获取。标准应向公众开放，并通过协作和沟通驱动流程制定、批准和维护。应确保专利技术或版权材料已被声明，并能够以公平的方式获取。
- 有效性。标准应定期评估、维护、发展或撤销。

3. 标准化流程

标准化流程包括五个阶段：（1）初始阶段，（2）构思阶段，（3）起草阶段，（4）批准和发布阶段，（5）维护阶段。本节还通过示例说明了 SDO 在此流程中采用的不同方法，首先是标准开发阶段的自上而下方法；然后，在 IETF 示例中介绍了自下而上方法；最后介绍基于面向对象方法或基于实现的其他可能模型。

（1）阶段 1 初始阶段：了解并识别需求

当 SDO 代表确定需要对某个概念或流程进行标准化，或需要更新某个标准时，该流程就开始了。他们会找到其他感兴趣的代表，帮助确定范围，并说服委员会该项目具有价值。事实上，标准是团队协作和沟通的结果。此时需要明确与拟议标准相关的任务，并将其提交给相关委员会。还必须验证所要标准化技术的成熟度。对于新兴技术而言，过早制定的标准可能很快过时，因为该技术的发展前景尚不明确，且标准范围可能不够清晰。相反，过晚发布的标准可能会被忽视，而更早的竞争标准或专有解决方案则可能更受青睐。因此，需要在适当时机开始标准化工作，以取得平衡。

（2）阶段 2 构思阶段：定义范围与工作计划

发起人小组以适当的形式向最合适的技术机构提交新标准化项目提案，并试图吸引其关注。

需要准备一份包含提案的文件，其中明确描述标准的范围和预计时间表，并提供用于管控其进度的计划表。对该主题有深入了解的标准化专家（SE）称为文件编辑（有时称为报告人）。这份文件由支持该项目并愿意协助编制标准文件的 SDO 成员完成。该项目的介绍包括对拟议工作及其技术内容的深入解析。

如果委员会认为该标准确有价值，则将该建议作为工作目标；如果不符合某些标准，委员会则会反对继续进行该过程。一旦获得批准，委员会将根据收到的信息仔细考虑如何开展工作，特别是由哪个小组委员会或项目团队负责以及要创建哪一类标准。随后，委员会和 SDO 的工作计划中将纳入该新项目。

如果提案未获批准，则可采用几种备选方案：a）提案缺乏足够的细节，可在后续步骤中加以改进和完善；b）提案中存在一个主要问题，在讨论中被明确指出，可直接放弃；c）委员会确定了一个更适合负责该项目的委员会，提案可提交至该委员会重新审议。对于任何未获批准的项目，在这种情况下仍可能有多种选择。

（3）阶段 3 起草阶段：起草新标准或修订现有标准

标准文件的编辑（以下称为报告人）负责文件的初步大纲，以及标准文件的结构和计划内容。他将工作分配给自愿撰写大纲章节的贡献者，然后收集相关组织的草案。不同的草案被汇总成标准草案，该草案应能够反映小组的决策。

可能需要召开专门的起草会议，以审查和讨论草案内容细节。对大纲和草案的早期审查可用于在初始阶段识别和解决潜在冲突。后续版本将不断修改，直到代表们就内容达成一致。在起草阶段还应声明知识产权，以确保标准采用一种所有实施者都能公平获得的技术来开发。

标准的原型设计、测试开发、实施和现场测试应与标准的起草工作同步进行。实施者可以向标准开发者提供有关标准的有益反馈，包括扩展、指南和最佳实践，以避免出现不一致。一些标准制定组织会组织互操作性活动，供应商将原型互连，以检查不一致之处及其是否符合要求。标准越稳定，其价值越高，也越适合重复使用。

在此阶段，在某些 SDO 中，草案仍保留在小组委员会或项目团队内部（取决于 SDO 的结构），不会分发或对外发布。在其他 SDO（例如 IETF）中，草案会公开，以收集更多意见并改进其内容。关键节点会被定期审查，以确保遵守截止日期，从而满足市场需求和时间安排，并将资源投入保持在合理水平。

（4）阶段4批准和发布阶段：批准标准并予以发布

当草案确定并准备就绪时，它会在项目团队内传阅以征求意见。提出的问题可以单独跟踪，以监控其解决情况。变更请求和意见会被分析和评估，后续改动将被整合到文档中。可能需要召开决议会议并进行迭代，以就草案的内容达成一致。

草案的最终版本将提交小组委员会批准，并在批准后与上级委员会共享。（小组）委员会的成员需按照指定的时间，审查文件的最新版本并做出决策：批准、评论、反对或弃权。最终的正式批准决策可以在会议期间直接给出，或通过电子工具发布。此时的目标是达成一致意见，如果无法实现，至少争取达成共识。如果共识也无法达成，则组织投票，同时记录部分委员会成员的反对意见，以供日后参考。

标准正式获得批准后，草案将送交最终编辑进行质量检查。最终编辑是标准化专业人员，可能是（或可能不是）SDO常设工作人员。他负责确保文本的表述和呈现符合SDO规则，并保证语言质量合格。在此阶段，编辑人员仅与报告人和起草小组选定成员合作进行修改，此时不得进行任何技术更新。一旦完成修改，文档将作为标准送交出版。

（5）阶段5维护阶段：标准的维护、更新、发展或撤销

标准必须不断更新，以确保它们在不断变化的市场需求、监管要求以及新的科学和技术发展背景下仍然具有有效性。这是标准可行性的重要组成部分。一些标准制定机构会在预定的期限后（例如每五年或十年）自动审查标准的有效性。标准的修订可能需要在不同层面进行。这些修订可能包括解决不一致之处、标准概念或内容中的问题、扩展标准的使用范围，以及适应技术或其他标准的演进。

如果在审查过程中发现标准需要更新或维护，或者发现缺陷，则整个流程将重新启动。此时可能采取的行动包括发布修订、更新标准、创建新标准、撤销过时的标准或将当前标准改为无效状态。如果该标准已被其他标准引用，后者可能会受到影响并需要修订。如果该标准在监管文本中被引用，则需考虑修改引用所需的过渡期。

1.4.2　标准化专业人员的角色

本节介绍标准化专业人员的角色。

在本书中，我们称标准化专业人员（SP）为在企业组织中工作的专业人员，通常是指在工业、国家行政、研究或学术组织、消费者或专业协会中工作的人员，或作

为 SDO 工作人员参与标准化活动的人员。他们通常由其所在组织（如公司、国家委员会）提名，代表该组织参加 SDO 委员会。他们不需要具备工程学学位，但需要了解所要标准化的技术问题。在同行标准专家及其公司员工的协助下，他们负责执行并经常协调标准化过程中的大部分任务和活动。我们也称标准化专家（SE）为对标准内容做出贡献的标准化专业人员。事实上，这一职位并没有明确界定的公认术语。一些参与者也常将其称为"标准化工程师"或"标准化科学家"。

如图 1.9 所示，标准化专业人员会参加不同类型的活动并扮演不同的角色。委员会或工作组（WG）由各自组织任命的专业人员组成。标准化专家的主要职责是为标准贡献其学科专业知识。标准制定者还可以担任委员会主席（或副主席）、标准提案人、报告员或联络代表等特定角色。委员会的工作还依赖于负责 SDO 行政和技术结构的 SDO 长期工作人员。这些长期工作人员中包括一些专业人员，例如技术人员和最终编辑，他们可以直接参与标准的制定。

专业人员的任务和职责取决于其在委员会中所扮演的角色。

图 1.9　技术委员会标准化专业人员的角色与分工

主席和副主席在委员会中领导标准化专业人员的活动，共同管理委员会会议，并采取适当的行动和决策。他们努力引导讨论达成共识，确保按时完成工作计划，实现阶段性目标，并遵循 SDO 的战略。他们为标准制定组织的长期工作人员提供指导，并确保即将出版的标准草案的审批程序启动。他们负责委员会的技术和非技术成果，例如向同行委员会发送联络声明，并随时通报正在开展的活动。有时，他们代表委员会出席外部会议，向理事会或董事会提交活动报告，在研讨会上介绍工作计划，或就委员会处理的主题向其他小组和委员会提供技术建议。

标准化专家参与委员会的工作，提供专业技术知识解答。他们通过提交文档和修改请求来编写标准，同时遵守计划时间表。

如图 1.10 所示，标准化专家通常围绕报告人分为两个虚拟圈子：内圈由积极参与标准起草工作的专家组成，外圈由对标准制定工作感兴趣并开展监督活动的更广泛标准化专业委员会组成。他们的活动也会随着时间的推移而变化。起草工作由三类利益相关方完成，并提供服务：a）标准制定者，负责编写规范并确保其质量；b）实施者，使用标准开发产品并依赖标准内容；c）客户，购买衍生产品并期望这些产品能正常工作。标准专家讨论草案内容并做出技术决策。当最终草案准备就绪时，标准化专业人员根据自己所代表一方的立场决定是否批准或拒绝最终草案。在作为观察员出席会议时，特别报告员关注委员会的活动，但不积极参与，也不得参与决策过程。

图 1.10　以报告人为核心的标准化专家协作示意图

在标准化专家中，一个或一组标准提案人可能会发现市场对新标准的需求，这通常基于其公司或组织提供的信息。这称为初始阶段。每项标准的制定都是一项具体的短期任务，具有明确的范围和时间表。如果对某项具体的开发工作感兴趣，标准提案人会向委员会成员提交提案，并在委员会会议上进行讨论。他需要得到其他成员的支持和关注，因为提案的批准通常是 SDO 中启动一项新标准的必要步骤。这称为构思阶段。

报告人负责正在制定的标准。在起草阶段，他作为标准化文件的编辑，依据工作规范、准则、交付时间表及指导技术质量的 SDO 内部规则，完善项目小组的指导意见。他主持起草和意见解决会议，收集参与委员会工作其他秘书处和组织的意见，并维护标准草案版本。在审批过程中，他参与意见的评估与解决，并在必要时进行修改。

在审批过程中，他负责评估和解决意见并提出建议，必要时更新草案。他向技术机构提供与主题或专题相关的技术建议。他的目标是在标准审批阶段尽可能达成共识并解决潜在冲突。他将最终草案提交给编辑，并参与编辑处理工作，最终由编辑出版。此外，他还可担任与标准化主题相关技术问题的协调人。

联络代表是两个委员会或工作组之间的纽带，由两个工作组在达成联络协议后任命，并以观察员身份出席工作组会议。联络代表的职责是向两个工作组报告对方的活动和标准。如联络代表认为有必要，也可在联络过程中交换文件。

SDO 长期工作人员的任务和职责是促进标准化专业人员在不同委员会的工作。总体而言，SDO 的工作人员负责监督标准化工作，包括标准文件从草案到交付给 SDO 成员。他们协调标准化进程，并在标准获得批准后予以公布。在相关情况下，他们根据要求的可测试性对测试规范的制定提供指导。他们通过参加讲习班、研讨会和会议来宣传 SDO 的活动，同时与外部组织（包括管理机构）保持合作关系。他们支持在法规中引用标准并确保正确应用 SDO 的管理政策。在 SDO 的工作人员中，技术人员和最终编辑会更密切地参与标准的编制和出版。

更具体地说，技术人员就标准化技术过程、程序以及工作计划的内容（维护阶段）和时间安排，向委员会主席和秘书处报告。技术人员组织标准的审批工作，并确保符合 SDO 的标准化政策；在标准起草过程中，对标准的编辑质量和项目一致性等事项进行持续检查；了解正在标准化的技术，但在工作中严格保持公正，不具有决策权。

一旦标准获得批准，最终编辑将对文本进行最后检查，包括编辑、语言和术语的确认，以及是否符合 SDO 的起草规则。必要时，与作者或报告员合作对文本进行修改。最终编辑负责标准的正式出版。

1.4.3　标准化专家的专业活动

与标准化有关的专业活动通常在参加标准化会议期间于 SDO 办公场所进行，包括会议间的交流。在闭会期间，标准化专家撰写或审查标准化文件，并与其公司内部的同事合作。

1. 在标准化会议期间的专业活动

标准化会议由指定的专家参加，必要时还有外部观察员和联络官参与。在会议中，标准化专家可以讨论各种想法，推动委员会开展合作，并在工作计划方面取得进展。在参加会议之前，标准化专家必须阅读其专业领域的文件草案和相关文稿。

会议的大部分时间用于审查委员会文件的情况：标准草案、贡献和新标准提案。当作为委员会成员出席标准化会议或委员会会议时，标准化专家会参与讨论，就所讨论的主题分享自己的知识，并在必要时尝试找到折中的解决方案。如果标准草案已准备就绪，标准化专家将参与决策过程。如果标准化专家被选为两个委员会或两个 SDO 之间的联络官，他将介绍其他工作组或 SDO 正在开展的活动。从这些报告中吸取经验教训，可以促进 SDO 之间的合作，并使特定市场的整体标准化工作更加协调一致。

如图 1.11 所示，报告人向委员会成员介绍最新版本的标准草案，以促进标准项目的进展和跟踪。报告人需要解释自上一版本以来进行了哪些修改，使用几张幻灯片介绍现状和主要讨论观点。

根据委员会的不同，会议可能包括起草会议（编写和更新标准草案），也可能包括审查会议（讨论变更和未决问题）。报告人收集问题，组织讨论，并尝试提供答案以确定主题。当相互竞争的观点阻碍工作进展时，标准化专家应提出折中方案，以便就可能的解决方案达成共识，并将其记录在现状报告中，纳入标准草案的修订工作中。

图 1.11　报告人向委员会成员介绍最新版本标准草案

很大一部分工作是在标准化会议期间的休息时间或交流时间（如午餐和晚餐）通过相互交谈完成的。同行之间也可以临时组织非官方的聚会或会议，以推动草案进展，解决分歧并达成共识。小组合作能够更快地解决问题。交流时间也是标准化专家提高对可能需要标准化的新概念或流程的认识，以及为启动新标准寻找支持者的好机会。不过，正式决定总是在正式会议上做出并报告的。

2. 在标准化会议间隔的专业活动

在自己的办公室里，标准化专家有更多时间思考标准的内容和新的建议。

当标准化专家担任报告人时，他会更新当前的草案，为标准的下一个版本作准备。他组织起草或工作会议，让同行专家更具体地讨论草案内容。工作会议和编辑会议可以以虚拟临时会议的形式组织，由相关方更详细地讨论文件。虚拟会议可以邀请一些社会企业参与，而无须承担面对面会议的费用。起草会议也可以通过电子邮件讨论的形式发起，或以非正式电话会议的形式在几位专家学者之间召开。

作为标准草案的主要编辑，报告人负责收集意见，并利用临时会议听取其他标准制定者的意见，在愿意提供意见的标准制定者之间启动和分配写作任务。在其办公室，报告人拥有更多资源来调查公司与标准化主题相关的知识产权，并确保遵守 SDO 的相关规定。此外，在下一次工作组会议之前，报告人还会就其负责的标准草案编写一份现状报告。

如果不是报告人，则标准化专家负责准备标准草案的文稿和修改请求。标准化专家通过使用文字处理器、即时消息（IM）、电话、协作 / 共享工作空间和会议工具，来获取委员会文件或参加临时起草会议。标准化专家还可以利用这段时间与内部技术团队合作测试标准，并就测试过程中发现的不一致之处编写报告。与标准化活动有关的工作需要在每次委员会会议之前完成。标准化专家会阅读最新版本的草案和已提交的其他文件，同时确保自己理解其内容。此外，标准化专家还要努力找出需要在会议上讨论的要点和问题。

3. 在组织内部的专业活动

开发新技术或改进技术并使其标准化，需要技术、营销和管理团队（如果公司有的话）的通力合作。回到办公室后，标准化专家需要与这些团队进行互动。这里从一般视角描述了这些活动和职责，尽管它们往往只与具体的标准化专家部分相关。

在公司内部，标准化专家与相关技术团队交流，报告最近的标准化活动和趋势，特别是最新批准的标准，以及其他 SDO 的联络报告，如图 1.12 所示。通常，他会提供一份完整的会议报告。报告还将反馈其他代表对拟议主题的兴趣，以及可能与报告中信息相关的版权或知识产权问题。

在与开发团队合作时，标准化专家会解释标准以及如何使用标准来加速产品开发进程，确保委员会对拟议技术所决定的协议、实体或接口的变更能够被整合到本地原型产品中。通过这种方式，标准化专家尽量避免技术团队在不适当的情况下创建专有解决方案。必要时，根据标准中使用的术语来定义或更新内部项目的描述以便更好地理解。

标准化专家领导或参与建立原型的活动，以展示标准化新技术的有效性和标准要求的正确性，还向同事们展示如何调整现有系统。实施标准是一项重要活动，有助于及早发现潜在问题。

标准化专家还应利用部分办公时间，了解现有和未来技术的概念及发展，例如正在进行的研究或其他组织掌握的专业知识。促进知识管理和传播是公司实现创新的重要活动之一。

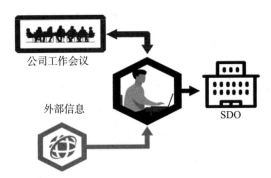

图 1.12　参与公司技术活动的标准化专家

在公司内部，标准化专家与营销团队互动，如图 1.13 所示。由于信息和通信技术市场发展迅速，评估公司如何改进现有产品或推出新产品非常重要。在这方面，标准发挥着重要作用，因为它们可以促进公司的创新，或者将公司排除在市场之外。

企业管理者必须了解业务部门的发展战略，并据此制定相关标准，以促进并支持这一战略。它是营销团队与标准化委员会之间的纽带：标准化专家与营销团队共同了解和分析客户的反馈与期望，识别潜在的标准化差距。他们可以提出满足客户需求所需的新标准，并为制定这些标准做好准备。因此，企业在开展营销活动的同时，积极参与与其营销相关的标准化进程至关重要。

图 1.13　参与公司营销活动的标准化专家

在公司内部，标准化专家与管理团队需要经常互动，以了解公司在标准组合方面的战略，如图 1.14 所示。信息和通信技术公司必须保持内部协调，制定并实施标准化战略。除大型公司外，在信息和通信技术各领域开展工作的联盟和 SDO 数量众多，如果标准化专家参加所有这些联盟和 SDO 的会议，就会占用过多时间。信息和通信技术制造商和供应商需要谨慎选择，确保公司积极参与相关的标准化建设，从而推动自身创新的发展。

标准化专家应与管理团队共同分析哪些 SDO 成员值得关注，以及如何维持和提升对公司标准制定的贡献。这一战略的动机可能并非完全出于技术考量，因此需要标准化专家的理解和支持。

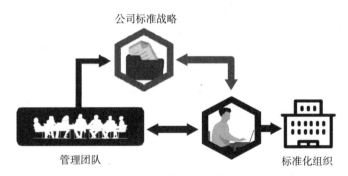

公司标准战略

管理团队　　　　标准化组织

图 1.14　参与公司管理活动的标准化专家

4. 作为国家代表的其他活动

如前所述，SDO 管理机构规定了申请加入的规则。标准化专家可以以个人身份为 SDO 做出贡献，例如在 IETF 和 IEEE，它们的活动实际上由其所属组织资助。在其他情况下，标准化专家由组织任命，代表组织的利益。例如，ETSI 和 ANSI 就属于这种情况。这种情况也适用于大多数产业联盟。SDO 管理机构可能要求其成员必须是该国官方标准机构公认的组织代表，或者是该国 SDO 领域主管组织代表。CEN、CENELEC、ITU、IEC 和 ISO 都属于这类 SDO。在这种情况下，国家代表由 SDO 的国家成员任命，成员资格按国家归属划分。

作为国家代表的标准化专家在标准化小组中代表本国的观点，是本国国家标准机构（NSB）的成员。标准化专家在 NSB 中还承担以下职责：在国家层面推动国际或地区（如欧洲）标准的采用、推广和传播，并废止与之相冲突的国家标准；组织国家利益相关方会议，例如在国家技术镜像委员会中，负责收集相关意见，从而为国家参与者（供应商、学术界、社会利益相关者）参与地方标准审查提供参考。

标准的生态

标准的生态是丰富而复杂的，涉及不同类型的标准化组织，对于监管、立法和政策制定也有一定的促进作用。

2.1 标准化组织

2.1.1 标准化组织概述

进行正式标准化的组织称为标准化组织，负责开发、修订和撤销标准，旨在响应特定行业或社会需求。

一些 SDO 被官方正式授权为标准提供者。有时，相应的政府机构会邀请这些 SDO 来处理需要标准化的课题。

例如，欧洲议会和理事会条例（EU）No 1025/2012 指定 CEN、CENELEC 和 ETSI 为欧洲标准化组织（ESO）。中国通信标准化协会（CCSA）是由国内企事业单位自愿联合组织，经业务主管部门批准、国家社团登记管理机关登记成立，在全国范围内开展信息通信技术领域标准化活动的非营利性法人社会团体。

另外，一些声望较高且长期存在的 SDO，虽然未得到官方认可，但也有完善的程序来确保其标准的质量，如 W3C、IETF、IEEE 等。

例如，IEEE 依靠一个特定的委员会（IEEE-SA 标准委员会）来协调 IEEE 标准的制定和修订，包括批准标准项目的启动，并审查程序正当性、流程开放性和平衡性。面向局域网和城域网的 IEEE 802 标准是对社会具有显著影响的一个例子；欧洲标准化组织发布的关于信息通信技术可访问性要求的欧洲标准 EN 301 549 明确引用了 W3C 发布的 Web 内容可访问性指南（WCAG）。

总体来说，SDO 包括国际标准化机构（即 ISO、IEC、ITU）、区域 SDO、国家 SDO 和协会 SDO，是会员制的非营利组织。其组织架构一般包括会员大会和董事会，主要经费来源为会员缴纳的会费以及市场服务收入等。传统 SDO 的组织内部通常按照各技术领域建立不同的标准化技术委员会，并进一步细分出分技术委员会，再设立各分技术委员会下属的工作组负责某一具体领域的标准化工作。这种层级组织结构能够很好地适应工业产品和服务涉及众多工程技术领域标准化的需求。

2.1.2 联盟与标准化

行业联盟是为了尽快制定新技术的规范，由与某项新技术相关的企业或研究机构组成的组织负责修订和制定联盟标准，如 IETF、IEEE、3GPP 等。会员资格是自愿的、全行业的，并面向国际。会员通常分为不同级别，例如正式会员、联系会员、中小企业会员、小型私营公司会员等，经费主要来源于成员会费。与传统 SDO 的最大区别在于其标准化程序的"非正式性"。

行业联盟由若干企业和其他组织联合组成，主要依靠会员缴纳会费或参与方的资助运营。联盟可以是一个正式的法律实体（如协会、合资公司等），也可以是一种松散的伙伴关系，或者是一个协议集团。与 SDO 标准化的流程相比，这些组织通常受益于较快的流程和较低级别的文档批准共识，旨在应对信息通信技术系统的快速发展。

由联盟编写的规范不同于单个公司拥有的文档（例如，作为 Microsoft 标准的 Windows）。在某些情况下，联盟可能最终倾向于让其规范成为 SDO 标准，以确保被市场更广泛地采用。与私人团队的交付相比，这些规范通常遵循更加严格的质量规则，可能为已开发的技术带来一系列益处。

一些 SDO 会参考或合并产业技术规范，或与这些联盟合作开发标准的程序，这些程序确保了正式标准化的基本原则得到遵守。此外，在标准发布之后，随着技术的发展，这些文件也可以通过可预见的标准化过程进行更新。

在这里介绍公共可用规范（PAS）流程，这是一种将规范更快速地转换为由公认 SDO 发布的国际标准的机制。该机制旨在使 ISO/IEC JTC1 能够将来自联盟的规范转换为国际标准。在文档作为 PAS 发布之前，需经过相应 SDO 委员会的严格审查和批准。PAS 在 SDO 发布后可立即使用，作为标准发布的 PAS 随后由审查批准该规范的 SDO 进行维护。与完整的常规 SDO 流程相比，PAS 流程使标准能够以更快捷、更简便的方式进入市场。

以 ETSI PAS 为例，ETSI 为 ETSI 以外的组织制定的技术规范定义了 PAS。ETSI PAS 机制将行业联盟编写的规范转换为 ETSI 文件，即 ETSI 技术规范（TS）或 ETSI 技术报告（TR）。这一机制已被应用于两个不同联盟的规范，即家庭网关倡议（HGI）和汽车连接联盟（CCC）。下面将对其进行具体介绍。

- HGI 以"家庭网关"为模块化应用平台，开发了一种智能家居架构，使应用程序可以在任何家庭网络接口上与设备连接。2016 年 6 月 HGI 关闭后，TC SmartM2M 通过 PAS 流程将三个 HGI 规范转换为 ETSI TS，并于 2016 年 11 月发布了三个 TS。

- CCC 是一个包括汽车 OEM、一级供应商、手机制造商和应用程序开发商在内的跨行业合作组织，旨在为智能手机与车载连接提供全球解决方案。由 CCC 开发的 MirrorLink® 是一种智能手机与汽车连接的开放标准，允许智能手机应用程序显示在车载信息娱乐（IVI）系统上。MirrorLink® 规范通过 ETSI PAS 机制转换为 ETSI TS 于 2017 年 10 月发布。将 MirrorLink® 纳入 ETSI 标准列表，有望促进制造商对该技术的使用。

在联盟与标准化关系中，还有另一个相关的组成部分，即 SDO 标准可以通过行业联盟（通常是通过行业）进行扩展，形成测试规范，其目的是为测试、认证和其他合格评定的相关要素提供依据，并确保根据初始标准开发的产品、服务或体系符合标准要求。

合格评定是标准与产品之间的重要桥梁。测试规范描述了用于评估符合性测试方法的过程。合格评定在安全监管、政府采购、商业交易和消费者选择产品等领域发挥着重要作用。主管实验室、行业协会等不同类型的组织负责第三方认证。对于关键产品，这些组织可能需要获得地区或国家当局的认可才能开展相关业务。例如，Wi-Fi 联盟采用 IEEE 802.11 标准制定 WLAN 产品认证的要求和规范。Wi-Fi 测试套件是一个软件平台，旨在支持认证程序的开发以及设备本身的认证。

2.1.3　事实标准

与 ICT 相关的一些项目如下：

- PDF：由 Adobe Systems 创建的一种文档格式。

- HTML：一种用于描述网页结构和内容的语言，最初由 Tim Berners-Lee 创建，目前由 W3C 负责发布和维护。

- Microsoft Windows：一种操作系统，已成为行业标准，其规范也成为行业标准（例如 Microsoft Web Services Security 规范，即 WS-Security）。

这些项目的共同之处在于都对社会产生了巨大的影响。它们被数百万用户使用，因此称为"事实标准"，这是市场普遍采用的做法，而非任何正式标准化过程的结果。如表 2.1 所示，展示了 SDO 标准与事实标准的比较。

根据麦克斯韦尔的说法，事实标准是一种习俗或惯例，它通过公众接受或市场力量（例如早期进入市场）取得了主导地位，并且通常具有经过市场过程验证的高吸引力特性。这种效应由 Utterback 和 Abernathy 分析，他们在 20 世纪 70 年代提出了"主导设计"的概念，确定了成为事实标准的关键技术特性。主导设计可能并不一定比其他设计更好，它们只是包含了一组关键特性，这些特性有时是由于技术路径依赖而出现的，并不完全源于客户的明确偏好。

表 2.1 SDO 标准与事实标准的比较

SDO 标准	事实标准
• 在 SDO 中开发。 • 以公开和共识为导向，有反对的选择（有时可能导致冗长的决策过程）。 • 清晰透明的参与和投票规则	• 通过标准争取或自然选择的优势设计。例如，一家公司通过公众认可或市场力量获得主导地位。 • 准入受限的标准化流程；同质环境可能允许快速决策。 • 公司联盟（如财团）和个体公司直接参与

事实标准可能被记录并被公认的 SDO 采用。例如，Tim Berners-Lee 在 1991 年首次公开描述了 HTML。HTML 是一种使用户能够在 Internet 上使用和共享文档的语言。它最初由 18 个元素组成，Web 浏览器解释了这些元素，使人们可以与包含文本、图像、其他媒体以及其他 HTML 链接的文档进行交互。后来，IETF 发布了"HTML 2.0"，这是 HTML 第一次作为标准发布。自 1996 年以来，万维网联盟（W3C）一直负责维护 HTML 规范。2000 年，一个公认的 SDO（ISO/IEC）将 HTML 发布为 ISO/IEC 15445:2000。

2.2 国家标准、区域标准和国际标准

2.2.1 标准化的地理范围

公认的 SDO 可根据国家、地区或国际范围进行分类，其制定的标准也是如此。

- ISO、IEC 和 ITU 是国际标准化组织，其影响范围遍及全球。
- CEN、CENELEC 和 ETSI 是官方认定的欧洲标准化机构，PASC 是太平洋地区的区域性标准化组织。

- 中国通信标准化协会（CCSA）是中国的国家 SDO，UNE 是西班牙的国家 SDO，此外还有美国的 ANSI、印度的 BIS 等。

然而，有时公认的 SDO 的标准化实践并不完全符合之前介绍的理论模式。例如，SDO 产生的标准范围有时会超出其地理覆盖范围。以 ETSI 为例，ETSI 是欧洲的官方 SDO，但也会发布全球采用的标准，如移动通信的 GSM 系列标准。此外，还有一些与标准相关的组织并不制定标准。例如，PASC 是环太平洋国家标准机构的独立自愿组织，包括澳大利亚、加拿大、哥伦比亚、中国、印度等国家的国家 SDO。该区域性组织不制定标准，但支持该地区的 SDO 参与 ISO 和 IEC 活动。此外，一些国家采用分散的标准化模式。在美国，大约有 200 个组织负责制定和维护标准，这些标准由 ANSI 认可为美国国家标准（ANS）开发者，而 ANSI 则是美国在 ISO 和 IEC 的唯一官方代表。

2.2.2 国家、区域与国际标准化组织的协作

1. 国家、区域与国际标准化组织的协作概述

不同层次标准化组织之间的协作旨在确保各组织充分利用资源、保证信息交流、提高程序透明度，并减少在国家、区域或国际层面重复工作的可能性。如图 2.1 所示，展示了按地理范围划分的 SDO 层次结构。

国家标准化组织（NSO）代表本国参与区域或国际范围内的标准化活动。它们支持国家专家跟踪区域和国际标准，并将国际标准采纳为国家标准。每个国家仅有一个 NSO。

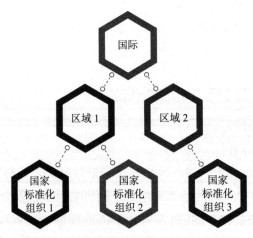

图 2.1 按地理范围划分的 SDO 层次结构

在不同层次标准化组织协作时，一种较为典型的观点是国际标准化优先于区域标准化，区域标准化又优先于国家标准化。在较高层次进行标准化的目的之一是协调较低层次的标准化工作。较为理想的过程是，经过批准的国际标准既被采纳为区域标准，又被采纳为该区域各国的国家标准，这需要不同层面的（国家、区域和国际）组织事先达成协议。

ISO/IEC Guide 21 为区域或国家采用国际标准及其他国际可交付成果提供指导，分为两部分：

- 第一部分采用国际标准。
- 第二部分采用国际标准以外的国际可交付成果（如技术规范和技术报告）。

该指南提供了采用国际标准及其他国际可交付成果作为区域或国家标准的方法。此外，该指南定义了一个系统用于表示国际标准与国家或区域采用标准之间的对应程度，还给出了采用国际标准以外的国际可交付成果的规则，为国家或区域采用国际标准及其他国际可交付成果提供了编号指导。

2. 中国通信标准化协会的国际交流与合作

中国通信标准化协会自成立以来，一直致力于推动建立健康、均衡、高效的国际标准化合作生态体系。图 2.2 和图 2.3 展示了协会参与国际交流与合作的概况以及协会国际标准文稿的提交情况。目前，协会被 ITU 主动接纳为符合 ITU-T 建议 A.5 和建议 A.6 的国家或区域性标准化组织；参与发起了 3GPP 和 oneM2M 等国际标准化伙伴组织；是全球标准合作组织（GSC）的伙伴组织之一；并与日本、韩国的标准化组织建立了交流合作机制，定期开展中日韩（CJK）IT 标准信息交流活动。协会还先后与 ETSI、IEEE、OMA、WFA、蓝牙 SIG、A4WP、TGG、USB-IF、DMTF 和 ETRI 等签署了合作谅解备忘录；同时，与 ISO、IEC、ANSI、IETF、BBF、TIA、ATIS、TSDSI、W3C、OCF、TMF 和 APT 等国际及区域性标准化组织和机构建立了良好的合作与沟通机制。

协会会员单位有 300 多位专家在国际和区域性标准化组织中任职。协会自成立以来，会员单位累计参与国际标准化组织活动超过 20000 场，向 ITU、3GPP、IEEE、IETF 及其他国际和地区性标准化组织提交文稿 10 万余篇，质量和采纳率逐步提高，成功推动 5G、ZUC 安全算法、北斗等成为国际标准。在移动通信、物联网、云计算、安全、大数据等领域，为国际标准化事业做出了重要贡献。

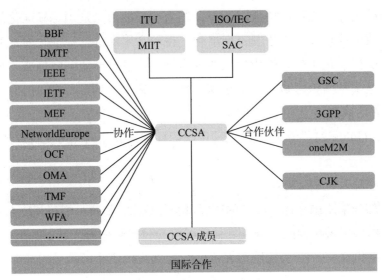

图 2.2　协会的国际交流与合作概况

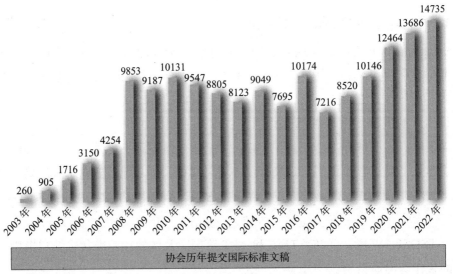

图 2.3　协会国际标准文稿提交情况

2.3　标准助力监管、立法及政策制定

政府通过规章、法律和其他手段制定政策。在实施时，需要定期定义需要遵守的技术规范。

法规参考标准避免了必须描述技术属性的规定，有利于简化内容和达成一致性理解，有助于提高公共管理效率。

法规可以通过几种方式参考标准，包括复制技术规范或部分标准；通过隐式或显式地提及，例如带标题和带/不带日期，以及采用可选的、特许的或带约束力的引用等。建议法规仅参考相关标准，避免引用标准中的部分内容。

确保遵守所参考的标准并不是遵守规定的唯一途径，有时必须满足技术要求，包括执行强制性标准和规范。而在某些情况下，这些标准和规范可作为满足法规基本要求的参考，是可选的。通过遵守参考标准，产品或服务可以"推定符合"相应的法规。但制造商也可能选择采用其他符合规定的标准，但这可能需要证明其有效性。

参考标准的法规可以进一步增加相关细节，具体法规的执行可委托给为此目的而指定的特定实体。此外，法规还可允许在未被遵守的情况下立即实施处罚和制裁。至于哪些类型的标准化文档适合被法规引用，可能因国家而异。一般来说，立法方具有选择的自由权。

有时，政府确定了标准化需求，可邀请相应的公认 SDO 制定标准以支持特定的政策或立法。例如，欧盟委员会会通过"标准化请求"邀请 ESO 制定标准。大约五分之一的欧洲标准是根据欧盟委员会向 ESO 提出的"标准化请求"制定的。这个过程可以总结如下：

- 委员会通过与社会组织、社会伙伴、消费者、中小企业、行业协会和欧盟国家等广大利益相关方进行协商来起草草案。在正式提交给 ESO 之前，草案会提交给标准委员会进行投票。如果投票结果为通过，则该请求将作为委员会的一项执行决定予以批准。
- 独立 ESO 有权拒绝申请，例如以标准无法在该区域使用为拒绝理由。但由于上述协商过程，此类标准化请求很少被拒绝。
- 欧盟联盟委员会提出的标准化请求可在特定的数据库中查阅。

下面举例说明该过程。

2005 年，欧盟联盟委员会向 ESO（CEN、CENELEC 和 ETSI）发送了一份称为 Mandate 376（M/376）的标准化请求。M/376 旨在通过制定一项标准来规定公共采购相关的 ICT 产品和服务的无障碍功能要求，从而帮助协调欧洲的公共采购情况，使残疾人和非残疾人公民都能使用这些产品和服务。

基于 M/376 的主要标准是于 2015 年发布的 EN 301 549，以满足欧洲公共采购的 ICT 产品和服务的无障碍要求。该标准的要求旨在确保 ICT 产品和服务适用于残疾人和非残疾人。

标准发布一年后，"Directive (EU) 2016/2102 of the European Parliament and of the Council of 26 October 2016 on the accessibility of the websites and mobile applications of public sector bodies" 被批准。Directive（EU）2016/2102 第 4 条标题为 "网站和移动应用程序的可访问性要求"，其中规定："成员国应确保公共部门机构采取必要措施，使其网站和移动应用程序更易于访问，使其易于感知、可操作、可理解且具有稳健性"。

此外，Directive（EU）2016/2012 参考标准 EN 301 549 如下："符合欧洲标准 EN 301 549 V1.1.2（2015-04）或部分要求的网站内容，可推定其符合相关要求或部分要求所涵盖的第 4 条规定的无障碍要求"。

但在 2017 年，欧盟委员会向 CEN、CENELEC 和 ETSI 发出了新的（M/554）请求，要求制定新版本的 EN 301 549 标准，新版本应解决与法规相关的移动应用程序可访问性方面的未涵盖问题。欧洲标准 EN 301 549 V3.2.1（2021-03）包含了将标准相关规定与 Directive (EU) 2016/2102 第 4 条规定的无障碍要求对照起来的表格。

遵守参考标准可以推定符合欧盟立法中相应规定的基本要求，但并不意味着符合 EN 301 549 V3.2.1 是满足 Directive（EU）2016/2102 第 4 条规定的无障碍要求的唯一方法。这意味着 EN 301 549 的相关条款应被视为实现 Directive（EU）2016/2102 第 4 条规定要求的最低手段（即网站或移动应用程序的可感知性、可操作性、可理解性和稳健性）。实际上，可能存在一些替代标准也能满足这些原则，但应证明其有效性。

标准化的价值

3.1 创新、研究成果与标准化

3.1.1 创新与标准化

Schumpeter 对创新的定义是创新是建立生产要素的新组合，这些要素包含基于新材料和新器件的应用、新工艺的引入、新市场的开辟或新组织形式的引入等。这个定义强调这些要素的新组合的商业化。创新不仅仅是一种发明，还包括发明的商业化过程。此外，创新并不局限于最终向客户销售的产品，还可以发生在不同层面，例如材料、流程、服务、组件、市场或组织形式。

新颖度是创新的重要属性。创新可分为渐进性创新和根本性创新。渐进性创新（也称为演进式创新）发生在现有技术性能随着时间推移逐步改善的情况下。如果技术在非常短的时间内实现性能水平的跃升，这种创新称为根本性创新或革命性创新。例如，计算机处理能力和存储容量的提高是一种渐进性创新，虽然底层计算机技术没有改变，但能够在相同或更小的表面上集成更多的晶体管。当这种底层技术发生变化时，就会出现根本性创新，例如量子计算机。

根据 OECD（经济合作与发展组织）在 2005 发表的言论，按照新颖度，创新可以分为四种类型：企业级创新（NTF）、市场级创新（NTM）、世界级创新（NTW）和颠覆性创新。NTF 指企业首次采用现有技术。例如，某企业首次采用已经被特定行业其他企业使用了一段时间的企业资源规划（ERP）系统，这就是一种 NTF。因此，即便采用现有技术，只要对企业而言采用的是从未使用过的技术，就可以视为一种创新活动。吸收能力是指企业"识别新信息的价值，然后吸收它，再将它应用于商业目标的能力"。NTM 发生在已知技术被转移到新市场时。这种创新是开创性的，它发生之前在全球范围内不存在。颠覆性创新是一种新技术，它在某一相关特性方面的性能最初可能低于已有技术，但竞争始终围绕这一特性展开（例如，软盘的存储容量）。由于新技术在该特性上的性能较低，有较低的开发成本，因此能够吸引此前未曾购买过该技术的潜在用户。此外，由于新技术在该特性上的性能较低，开发已有技术的企业通常未能意识到新技术产生的潜在威胁，从而不会对此类新技术进行防范。因为随着时间推移，新技术不断改进，它在某一相关特性上的性能逐渐对消费者产生吸引力。此时，由于新技术价格更低且性能足够好，既定市场中的消费者开始转向新技术，从而使提供已有技术的企业陷入困境。这种新技术称为颠覆性创新技术，因为它颠覆了现有市场，并可能导致原本为该市场提供服务的企业破产。

在人们的印象中，标准化和创新通常被视为有截然相反的含义。标准化似乎意味着维持事物不发生变化，而创新则指开发新事物。然而，根据 David 的说法，标准化实际上是"自由与秩序之间的平衡"。

有许多原因可以解释为什么标准化可能被视为创新的阻碍。例如，标准中往往包含重复使用的解决方案。这通常被视为"静态的"，因为这些解决方案似乎在一定时间内被"冻结"。只有在需要开发新解决方案时，旧解决方案才会为新解决方案让位。然而，标准化可以促进创新。标准化可以成为创新的临界点，并具有兼容性，从而使基于其他创新进行创新成为可能。

标准化可以支持新产品和新服务的开发，为市场增长奠定基础。设计标准体系可最大化创新驱动增长的潜力，类似修剪果树以增加果实产量，体现了标准在促进创新和增长方面的作用。

类似修剪可以清除枯死和纤弱的树枝，标准化虽然限制了多样性，但有助于培育出更强大的"树"。创新推动技术的发展，而标准化则通过避免混乱和无序的技术发展，防止技术泛滥。

3.1.2　研究成果与标准化

将研究成果成功地转化为创新产品对经济发展至关重要。迄今为止，已经开发并应用了许多技术转化工具。然而，标准化尚未被广泛视为一种能够将研究成果转化为创新产品的有效工具。例如，德国曾在某一时期在全球纳米技术研究中处于领先地位，但由于国家标准化活动的滞后，未能利用这一优势在欧洲和国际市场中占据领先地位。

出于多种原因的考量，研究结果应利用标准化实现创新。首先，通过构建这些标准，企业可以获取最新的知识。其次，由于利益相关方在参与标准化过程中达成了一定共识，标准更可能被广泛实施，因此，标准化过程是支持将研究成果转化为创新产品或服务的有效机制。最后，通过标准化，可以将公共资助的研发成果转化为公共财产，从而提高经济效率并实现对研究项目的经济补贴。

3.2　知识产权、专利与标准化

3.2.1　知识产权与标准化

知识产权（Intellectual Property Rights，由知识资产和权利组成）指发明人或创造者在一定时间内依法享有的保护其发明或创造的权利。世界上几乎所有国家都有保护知识产权的法律。首先，知识产权保护体现了对创作者经济权利的尊重，同时反映了积极的社会道德取向，有助于激励更多创作者投入创新创作。其次，知识产权保护能够促进知识成果的传播和应用，有利于推动创新、经济社会发展和公平贸易。

正如人类的创造可以有不同的形式，保护这些创造的知识产权也有不同的类型。表 3.1 列出了几种常见的知识产权类型。

表 3.1　常见的知识产权类型

类型	描述
专利	专利是指用于解决特定技术问题的技术方案，又称为发明
版权	版权是指用于保护创造性的表达方式。常见的创造性表达方式包括文字、书籍、音乐、电影等，还有软件代码也属于版权保护的范畴
工业设计	工业设计是指用于保护"实用"物体的外观设计，包括形状、配置、图案或色彩的组成。如一种特定类型椅子的设计，或者汽车设计
商标	商标是指用于保护代表公司或产品的文字、标志或符号。比如 Nike 公司的典型标志"Nike"，就是比较成功的商标示例。Nike 公司"Just Do it"的广告标语和标志性的翅膀状标志也属于其商标的一部分
商业机密	商业机密是指一种不对公众公开的信息，如发明、配方等。出于经济利益，所有者会确保商业机密不外泄。典型的例子包括可口可乐配方和谷歌的搜索算法。 商业机密还是一种比较特殊的知识产权类型。与如上几种知识产权类型不同，商业机密更像是一类知识资产（Intellectual Property），但不具有权利属性

基于知识资产的不同类型，创作者获取知识产权的途径也有所不同。有些发明创造需要发明人主动申请才能获得相应作品的专有权利，例如专利、商标。而有些发明创造的权利则不需要主动申请即可自动拥有，比较典型的就是版权。在某些特定情况下，当原创作品以有形媒介承载时，其创造者在作品面世之际即可自动获得该作品的版权。

那么，拥有知识产权有什么意义呢？简而言之，知识产权赋予创造者排除他人擅自使用其发明创造的权利。创造者可以利用该权利来确保发明创造仅供自己使用，或者通过许可允许他人使用其发明创造获得相应的经济收益。知识产权所赋予的权利是有期限的，例如，专利权的保护期通常为 20 年，而版权的保护期限相对较长。《伯尔尼公约》规定，版权保护期限为作者有生之年及其死后至少 50 年。

针对专利的产权保护，有一种比较特殊的情况是，拥有专利只赋予专利持有人排除他人使用相关发明的权利，但并不保证专利持有人可以使用该专利。因为专利持有人所持有的专利中，可能包含其他组织或个人已获得专利的技术方案。在这种情况下，专利持有人需要获得涉及其他专利组织或个人的许可，才能使用自己所持有的专利。

知识产权可以通过不同途径与标准和标准化产生联系。首先，标准以文本形式呈现，就会涉及版权问题。通常的处理方式是，让所有参与标准化的组织或个人同意将贡献部分的版权转让给标准制定组织，从而使标准制定组织成为最终标准文本的版权持有者。

其次，标准通常具有代表性的名称和标志，例如 GSM、Wi-Fi、蓝牙等。这些名称和标志具有重要的指示作用，提及相应的名称或标志表示特定设备与该名称或标志相关联的标准兼容。为了使标准的执行者或用户正确使用标准名称和标志，需要了解标准名称和标志的实际所有者，以及如何申请使用该名称或标志。通常情况下，标准的名称和标志由制定相应标准的组织所有，但也存在例外。例如，著名的"GSM"标志属于全球移动通信系统协会（Global System for Mobile Communications Association, GSMA），而不属于制定该标准的组织——欧洲电信标准协会（European Telecommunications Standards Institute, ETSI）。通常被大众称为"Wi-Fi"的标准是由 IEEE 组织制定的 802.11 系列无线局域网标准，其名称和相关的图形标识由 Wi-Fi 联盟拥有，该组织提供基于该标准的设备认证，并许可成功完成互操作性认证测试的产品使用 Wi-Fi 名称和标志。

最后，标准在产品或服务中的实现可能需要使用某些知识产权，包括受版权保护的软件代码或与专利相关的技术发明。前者称为标准基本版权，其要求标准实施者准确使用特定代码来执行，相对较为少见；后者即业界所称的标准必要专利（SEP）。

3.2.2 专利与标准化

在众多知识产权类型中，专利与标准化的联系最紧密。专利制度和标准化体系有许多共同点。首先，它们都是为公共利益服务的。例如，专利制度旨在促进技术解决方案和发明的创造，而标准化则推动这些解决方案在产品和服务中的应用，两者在促进技术创新和社会进步方面均具有积极作用。尽管存在这些重要的共同点，专利与标准化在促进创新的方式方面有所不同：专利通过许可机制排除他人不当使用技术创新，以保护专利权人的合法权益来促进创新；而标准化则致力于为所有利益相关方提供不受不当障碍影响的技术解决方案，通过扩大标准的应用范围来推动创新。

专利和标准化的不同还体现在标准必要专利方面。虽然业界对 SEP 的定义略有不同，但其基本概念是：如果不使用受该专利保护的技术，就无法制造出满足标准的产品。这意味着，如果实施者不是 SEP 的持有者或未获得使用 SEP 的许可，则无法制造或销售符合该标准的产品。这为 SEP 所有者创造了特别有利的地位。一般情况下，如果无法获得必要的许可，实施者可以选择不实施相关功能，或者使用与专利技术不同的技术来实现类似功能。然而，这两种方式均不适用于 SEP。如果一个标准涵盖了多个 SEP，则所有实现相关产品的实施者必须获得所有相关 SEP 的许可，才能生产符合标准的产品。

让我们通过以下两个例子进一步了解 SEP。图 3.1 展示了一个闭环功率控制通信系统框图，宽带码分多址（WCDMA）技术是系统采用的技术。同时，WCDMA 也是 3G、Wi-Fi 等电信标准中广泛使用的基础技术。假设有一项专利保护具有如图 3.1 所示的功率环路设计，那么该专利很可能对于基于 WCDMA 技术的标准（如 GSM 和 UMTS）来说属于必要专利。也就是说，基于 WCDMA 技术标准的产品必须应用图 3.1 所示的专利技术。当然，这里仅是一个假设的示例。由于 SEP 的特殊性，其最终认定需通过对授权专利和相关标准的最终文本进行更深入的调查。

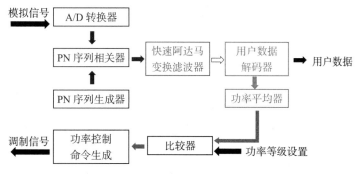

图 3.1　闭环功率控制通信系统框图

另一个示例如图 3.2 所示，是一个带有预测文本输入技术（又称 T9 技术）的手机键盘示意图。虽然这项最初由 Tegic Communications 开发的 T9 技术受专利保护，但该专利对于 GSM 或 UMTS 标准来说并非必要，因为这些标准的定义中没有任何内容要求包含这种特定的预测文本输入技术。因此，缺少 T9 技术的手机仍然符合 GSM 或 UMTS 标准。

图 3.2　T9 手机键盘示意图

尽管有些专利对于相应的标准来说并非必要，但如果专利的技术方案具有较强的实用性或较高的市场认可度，则这些专利仍然可能具有较高的经济价值。以 T9 技术为例，由于 T9 手机键盘设计受到许多消费者的喜爱，许多手机制造商仍然愿意支付专利许可费用，以便在其设备中包含此功能，从而提升手机对潜在买家的吸引力。

1. SEP 是如何产生的

既然 SEP 如此重要，那么有哪些途径可以获得 SEP 呢？专利所有者可以期待他人建立一个标准，且该标准恰好使用了其专利所涵盖的技术。但更常见的途径是专利所有者通过参与标准化进程、提交技术提案等方式，积极推动自己的专利技术被纳入标准。还有一种途径是购买专利。例如，在 2010 年，包括苹果、微软和爱立信在内的集团因相信北电（Nortel）持有的专利组合包含许多 5GSEP，斥资 45 亿美元购买了北电的专利组合，这也是 SEP 作为宝贵资产的一个重要实例。

考虑到标准必要专利（SEP）的宝贵性，市场上到底有多少这样的专利呢？这个问题其实很难有准确的答案，因为在实际生活中，有许多标准根本不需要使用任何专利技术。但在电信和消费电子等领域，情况则截然不同。在电信领域，标准通常涉及许多专利技术。从技术角度来看，人们可以通过比对已定稿的标准文档与已授予专利的文档，来确定某项专利是否对标准必不可少。然而，这样的比对工作不仅需要比对人员具备特定的专业知识，还需要投入大量的人力和时间。而在许多技术领域，需要比对检查的专利数量非常庞大。因此，在标准化过程中，标准化组织通常会鼓励潜在 SEP 的持有者积极声明，或者将潜在 SEP 声明作为标准参与者的义务写入标准章程。当然，潜在 SEP 声明并不代表所声明的专利已经被认定为 SEP。只要专利所有者认为其持有的专利可能对标准是必要的，就可以进行潜在 SEP 声明。通常在潜在 SEP 声明时，最终标准的具体内容尚未明确，因此所声明专利中的技术最终可能不会被标准采纳。此外，如果在做出此类声明时专利尚未实际授权，那么专利保护的最终范围也存在不确定性，这同样会影响 SEP 的最终认定。

欧盟委员会曾开展了一项研究，调查了欧洲电信标准协会（ETSI）中 SEP 的申报数据。截至 2019 年 2 月，ETSI 数据库共包含 261,735 项所有者声明的潜在 SEP。然而，其中许多专利可能涉及相同的发明，只是在不同国家或地区授权，因而存在一定程度的重复。例如，前面提到的闭环功率控制发明的专利便在美国、加拿大、日本、韩国及欧洲等获得了相应的授权专利号，受到相关专利局的保护。针对这种情况，将同属一个发明的不同专利划分为一个专利池进行计数更为合理，后面也将进一步介绍专利池的概念。简而言之，专利池是指具有共同优先权的，在不同国家或国际专利组织多次申请、多次公布或批准，内容相同或基本相同的一组专利文献。专利池能够更准确地反映实际发明的数量，也更有利于专利许可谈判。由于 SEP 许可谈判通常涉及全球范围的专利组合，而非针对每个国家单独谈判，因此基于专利池的谈判效率更高。

有些人可能疑惑，为什么要依据潜在 SEP 声明，而不是根据事实必要性对专利进行评估，以准确把握哪些专利是真正必要的或非必要的。其中最主要的原因是，以可靠的方式进行此类评估是一项极具挑战性的任务，需要扎实的专业知识并保持客观。专利和标准都使用非常具体但不同的语言进行表述，如果缺乏丰富的专业知识，就很难确定专利的精确保护范围，也难以判断专利中所保护的发明是否是满足标准要求的唯一方法。尽管如此，欧盟委员会（European Commission，EC）在 2017年发布了一份重要文件，鼓励提高市场透明度，并倡导让业界各方参与者都能够获取有关专利事实必要性的信息。同时，欧盟委员会还委托第三方于 2020 年进行了一项研究，探讨大规模专利必要性评估系统的设计及其可行性。该研究报告的发布也表明了欧盟委员会致力于建立一套可行、公平、透明的基于事实必要性进行评估的

SEP 评估系统的决心。

在该系统尚未成熟可用之前，潜在必要专利声明仍然不可或缺。根据 ETSI 数据库显示，其收到的潜在 SEP 声明数量呈逐年增长趋势。造成这一趋势的重要原因之一是企业受到的丰厚激励。SEP 不仅是专利许可收入的重要来源，还可用于与其他 SEP 持有者进行许可谈判以实现交叉许可。由于 SEP 的特殊性，其所有者享有的特权地位也吸引了包括政府机构在内的社会各界的关注与讨论，这将在后面进一步描述。

2. 专利进标带来的问题

将专利推进标准是把双刃剑，虽然专利技术有助于将创新且有价值的解决方案纳入标准，但这也可能引发多方面的问题，而这些问题在很大程度上取决于专利持有人采取的实际行动。基于欧盟委员会的研究，专利进标可能带来的问题主要包括许可缺失、事后专利劫持、专利费叠加和不当歧视。

许可缺失指的是标准制定组织及其参与者在最终确定并发布标准后，才发现其中涉及的一个或多个 SEP 所有者不愿意许可相关 SEP 的使用，这可能导致此前投入标准制定的所有时间和精力付诸东流。

事后专利劫持指的是 SEP 所有方意识到标准实施方除了从他们那里获得许可之外别无选择。利用由此产生的议价空间，在标准敲定之后向标准实施方要求远高于原来专利许可谈判中可能获得的许可费。这种由一方利用另一方缺乏等价替代品从而获取更高报酬的行为，在经济学中称为"劫持"（hold-up）。而如果专利谈判在专利技术被纳入标准之后进行，这种议价优势仍然存在，这一现象在经济学中称为"事后"（Ex-post），指的是在事件发生后基于当前情境评估可能的收益。对于 SEP，由于买卖双方都对 SEP 纳入标准后带来的回报抱有积极预期，这种预期进一步加剧了双方在专利谈判中的地位差距。

专利费叠加是指当一项标准涉及多个 SEP 时，标准实施方为了生产符合该标准的产品，需要支付多份费用以获得每一个 SEP 的许可。这可能导致标准实施方需承担的许可费用总额过高，压缩利润空间，从而影响产品的商业化可能性。当一个产品涉及多个不同标准时，专利费叠加的问题可能会更加严重。与事后专利劫持不同的是，在专利费叠加的情况下，即使单个专利的许可费用合理，叠加后的总许可费用仍可能非常高昂。

不当歧视指的是 SEP 所有者对标准实施方进行区别对待的情况，存在歧视的可能。例如，SEP 所有者可能会对与自己有直接竞争关系的公司和仅活跃于其他产品市场的公司区别对待，如仅将专利许可授权给与自己不存在竞争关系的公司。或者，市场内的老牌玩家可能会以更有利的条件对待彼此，从而排挤新进玩家等。

3. 专利纳入标准的政策

标准化组织早已意识到专利与标准化之间的紧张关系。早在 1932 年，美国标准协会（American Standards Association, ASA），即现在的美国国家标准学会（American National Standards Institute, ANSI）的前身，就指出专利进入标准可能会产生不良影响。因此，当时得出的结论是："作为一般原则，专利设计或方法不应被纳入标准"。美国标准协会同时还指出："每个案例都应根据其实际情况进行考虑，如果专利所有者愿意授予专利许可以避免垄断，则可以积极考虑将此类专利设计纳入标准"。

然而，直到 20 世纪末期，几乎所有大型标准化组织才开始就采用哪种政策将专利纳入标准进行深入讨论，可以大致分为两大类：基于承诺的政策和基于参与的政策。

（1）基于承诺的政策

采取基于承诺的政策的标准化组织包括 ISO、IEC、ITU、ETSI 和 IEEE 等。这类政策包含两个主要要素：披露和承诺。根据此类政策，当标准成员或标准化参与者认为自己可能拥有该标准的潜在 SEP 时，他们有义务通知相关标准化组织，这种行为称为"披露"或"声明"。例如，当专利所有者提交含有其专利的标准提案时，或者当其他人建议采纳含有其专利的解决方案时，专利所有者有义务声明潜在的 SEP。

披露之后的第二步是承诺，其工作原理如下：在披露潜在 SEP 后，如果该专利最终被认定为 SEP，则要求专利所有人承诺在公平（Fair）、合理（Reasonable）和非歧视（Non-Discriminatory）的条件下为这些专利提供许可，以便标准实施。这种条件称为 FRAND 承诺，也可简称为 RAND 承诺。有些标准组织，如 ETSI，只支持 FRAND 承诺。然而，如果专利所有者愿意免费提供许可，也是允许的，即使 FRAND 承诺本身并没有这样的要求。但专利所有者必须确保不区别对待被许可方，即不能对部分许可方提供免费许可的同时，对其他被许可方收费。还有一些标准化组织，如 ISO、IEC、ITU 和 IEEE 等，允许标准成员在 FRAND 承诺和免专利费用承诺（Royalty Free，RF）之间自由选择。免专利费用承诺意味着免费许可。标准成员一旦选择免专利费用承诺，就不能反悔，即无法撤销此操作并不能要求经济补偿。另一些标准化组织，如安全标准领域的 IETF，更倾向于只支持免专利费用承诺，不允许专利所有者选择需要经济补偿的许可承诺。

专利所有者也可以选择不做出相应的承诺，在这种情况下，标准化组织会尽力避免将相关专利纳入标准。但在实践中，专利所有者通常愿意做出相关承诺。毕竟，基于 FRAND 承诺向市场上数以百万计的设备收取合理的许可费用，比索取高价许可费却无人问津要更有利。

（2）基于参与的政策

基于参与政策的标准化组织包括 W3C 和 HDMI 论坛。这类政策要求其所有成员在特定条件下（如基于 FRAND 或免专利费用承诺）许可其所有的 SEP 使用，并将此作为获取成员资格的必要条件。在某些特定情况下，例如，在标准草案发布后的规定时间内，成员可以选择就特定专利退出承诺。在这种情况下，标准化组织会更改草案以避免将相关专利纳入标准。一些采用基于参与政策的标准化组织还制定了相应的披露规则，以掌握 SEP 的具体情况。基于参与的政策在规模较小的标准化组织中较为常见，因为这些标准化组织通常面向相对狭窄的技术领域，在这种相对集中的环境中，参与者更容易接受这样的政策。然而，在更广泛的情况下，这类政策较难推行，因为具有一定规模的标准化组织通常涉及更广泛的技术领域，相关专利方案多而复杂，且难以全面追踪和覆盖。

总而言之，无论采取上述哪类政策，从潜在 SEP 所有者那里获得 FRAND 或 RF 承诺，是解决上面讨论的许可缺失、事后专利劫持、专利费叠加和不当歧视四个问题的主要方法。正如前面所述，大多数标准化组织都有相应的披露政策，基于披露的数据能够生成潜在 SEP 列表。几乎所有的标准化组织都会公开其掌握的潜在 SEP 列表以供参与者参考，如 ETSI 提供了相关的数据库供搜索。

4. 与专利相关的法律体系

那么，在实践中如何确保标准参与者在许可 SEP 时遵守其对标准化组织的承诺，或履行与标准和专利相关的其他义务呢？例如披露义务。在回答这个问题之前，需要对与专利相关的法律体系有初步的了解。与专利相关的法律体系包括专利法、私法和竞争法 / 反垄断法。专利法，顾名思义，是允许专利持有人阻止他人未经许可制造、使用、销售或进口相关专利发明的法律，与专利保护直接相关。私法是知识产权保护法律体系的重要组成部分，主要用于调解普通公民和非基于公有权力组织之间的关系，包括公司间的合同和纠纷。竞争法 / 反垄断法同样关键，它通过对拥有市场支配地位的当事方的行为施加限制，防止市场垄断。

虽然标准化组织希望成员对所有潜在或事实 SEP 做出许可承诺，但其通常并不将执行此类承诺视为组织的职责，而是倾向通过法律手段解决此类知识产权纠纷，例如进行许可谈判。根据审理案件的国家或司法管辖区的不同，不同法律体系的作用也有所区别。例如，在美国审理的 SEP 案件中，私法往往发挥核心作用，具有里程碑意义的案例包括 2013 年的微软诉摩托罗拉案、2013 年的 In re Innovatio 案和 2017 年的 TCL 诉爱立信案。而在欧洲审理的 SEP 案件中，竞争法或反垄断法通常发挥着更为关键的作用。

除了上述案件外，实际中因 SEP 纠纷而诉诸法院的案例不胜枚举，并且与技术的发展和应用密切相关。例如，在 21 世纪 10 年代，媒体上关于"智能手机大战"的讨论刚刚兴起，与智能手机相关的专利纠纷就大幅增加，仅维基百科页面上列出的相关法律冲突条目就超过 100 条，而这还只是冰山一角，更何况智能手机仅是标准和知识产权相关产品类别中的一个分支。

那么，为什么近年来专利所有者和标准实施者之间围绕标准专利的法律纠纷会愈演愈烈呢？其中有以下几个方面的原因。

- SEP 和 SEP 持有者数量逐年递增。近年来，标准参与者数量不断增加，且知识产权保护的理念日益深入人心，因此标准参与者更加热衷于申请专利以保护自身的创新方案，并积极推动专利纳入标准，这也导致了 SEP 数量和 SEP 持有者数量的持续增长。
- 涉及 SEP 的交易量大幅增长。例如，部分新入局的公司出于战略部署可能对 SEP 专利展开大量收购，而这也可能导致专利纠纷案例的增加。在专利纠纷中，专利主张和诉讼发挥着重要作用，专利主张是指指控他人专利侵权，而诉讼则是指专利法庭案件。
- 标准将具有不同商业文化背景、市场期待的各方聚集在一起，逐步加深与市场的联系，这不仅提升了标准专利的商业价值，也使得各方参与者更加重视标准专利。当然，公司采取的专利策略也显著受市场动态影响，这一点在手机 / 智能手机市场中尤为明显。例如，曾经是手机市场领头羊的诺基亚在智能手机出现后市场份额不断减少，最终只能黯然退出。而新的竞争者，如三星、苹果等公司，则抓住机遇，取得了商业成功。显然，这种市场地位的变化会对公司的专利战略产生影响，例如，被挤出市场者可能会更加重视对其专利的利用。当这种专利策略变得越来越明显时，随之而来的就是法院上的专利纠纷。

5. 专利池

在实践中，与标准相关的 SEP 的所有权通常分散在不同所有者手中。如果标准实施者需要与所有 SEP 所有者分别进行双边许可谈判，那么所需的谈判时间以及人力和资金成本都会较高。此外，由于许多 SEP 所有者可能会分别设定许可费用，因此也会存在前面提到的专利费叠加的风险。很快，人们意识到这种专利谈判模式的低效和缺陷，并在 20 世纪 80 年代开始尝试实行技术标准联合许可计划。最初，这些计划仅针对光盘音频标准的许可，后来逐渐发展为如今知识产权领域广为人知的概念——专利池。

在专利池中，作为专利池管理员的中央实体可以代表该专利池的所有专利所有者许可一组专利，这种方式为标准实施者和专利所有者都带来了显著的便利，详见表 3.2。

表 3.2　专利池的优势

对被许可方的好处	对专利持有者的好处
• 提供一站式专利许可获取服务 • 专利池许可费通常更优惠，相较于单独许可，交易成本更低 • 不支付专利费的竞争对手更少，创造了公平的竞争环境 • 减少不确定性，提高透明度	• 有助于促进技术的整体采用和成功 • 降低交易成本 • 可能因更高效的许可和专利费收取而带来更高的利润

实践证明，基于专利池的解决方案在许多领域都行之有效，表 3.3 中也给出了几个比较成功的专利池案例。

表 3.3　成功的专利池案例

许可管理机构	专利池描述
MPEGLA	总部位于美国的许可管理机构，在 20 世纪 90 年代率先建立了视频编码 MPEG2 池，用于 DVD 等应用。在鼎盛时期，该池拥有超过 25 个许可方和 1400 个被许可方，为许多专利池提供了参考。目前的专利池包括各种现代音频和视频编码协议，还包括无线电源、电动汽车充电和视频端口协议
VIA Licensing	总部位于美国的许可管理机构，成立于 2002 年，由杜比实验室所有。该公司在音频和视频编码领域拥有活跃的专利池，同时也涉足 3G 和 4G 移动通信和其他技术领域
SISVEL	总部位于意大利的许可管理机构，自 1990 年代开始许可第三方专利，并发展成为涵盖包括 Wi-Fi、2G、3G 和 4G 在内的无线通信、音频和视频编码以及电视广播，尤其是 DVB 标准的专利池
One-blue	总部位于美国的许可管理机构，成立于 2011 年，专注于蓝光技术
Avanci	总部位于美国的许可管理机构，成立于 2016 年，最初专注于授权车联网相关的移动通信 SEP，现已宣布进军物联网领域

当然，大家或许更关心一个专利池的整体许可费应定在什么水平，以及许可费在专利池成员间的分配问题。毕竟，专利所有者可能对预期回报有不同的看法，而专利本身的价值或技术价值也可能存在差异。在专利池形成过程中，如何就专利费和专利池成员之间的专利费分配达成一致，同时吸引尽可能多的潜在专利池成员加入并防止成员退出，是一个复杂而微妙的过程。比如，有的专利池仅根据获得的国

家专利数量进行分配，而有的专利池则会对专利价值进行区分，根据专利的价值高低分配费用。

既然专利池对专利所有者和被许可人都有好处，那为什么专利池模式没有超越双边许可模式，成为专利谈判的主流呢？为什么现存的 SEP 专利池这么少呢？主要原因是专利池的建立既困难又昂贵。通常来说，专利池越早建立越好，在市面上还没有较多的双边许可模式时，专利池更容易取得成功。但是，在早期进行专利池建立尤为困难，因为专利许可双方对于相关标准和产品能否取得商业成功、最终加入专利池的专利所有者数量能否达到理想规模，以及能否收回启动成本都无法给出确切的答案。而且，专利池参与者的利益和观点通常差异较大，因此很难找到一套大家都认可的协议和规则。例如，专利所有者在加入专利池后仍然可以进行双边谈判，但如果标准实施者选择从专利池获得许可，那么专利所有者则无法坚持进行双边谈判。因此，相较于专利池的优势，有些公司可能更偏好双边许可所拥有的自由和灵活性，如进行交叉许可。

虽然针对移动通信的专利池在 2G、3G 和 4G 时代均未能取得成功，或仅取得有限成果，但人们仍然认为这种情况在未来可能会改变，而这与物联网、工业 4.0 和各种智能技术的发展密切相关。物联网、工业 4.0 等技术正迅速将我们带到一个新的世界，在这个世界中，SEP 的所有者不仅需要与手机制造商进行谈判，还需要与来自不同领域的标准实施者进行谈判，这些实施者可能位于制造链的多个环节，例如芯片组、模块、子系统和最终产品等。随着交易方的增加，交易成本显著提高，这种情况更需要一个统一且可协调的许可模式，原本未能成功的专利池模式或许可以在这个新世界中得到应用。Avanci 公司的成立也预示着这一趋势，该公司目前专注于车联网相关的 2G、3G 和 4G SEP 许可，随着越来越多新专利所有者的加入，该公司也宣布未来将进军物联网领域。

6. 公共利益与监管

要正确理解专利和标准之间的关系，就离不开对公共利益的讨论。虽然大型企业之间的法律纠纷吸引了众多关注，但对于公众而言，这类纠纷背后更值得深究的问题是如何保持市场的正常运作，营造一个公平公正、促进创新的环境，避免不当的市场准入规则和不必要的摩擦，从而最大限度地服务于公共利益。

其实，早在 20 世纪 90 年代，标准化和专利之间的冲突就已初现端倪，并差点危及 GSM 标准——20 世纪欧洲最伟大的技术成就之一的引入。当时，欧盟委员会就意识到，仅仅将标准中有关专利的基本问题留给利益双方解决，可能无法从根本上消除摩擦。

事实上，世界各地的政府和监管机构也逐渐认识到专利与标准化之间的问题在公共
利益层面具有重大意义。表3.4展示了随着时间推移，公共利益话题讨论热点的变迁。

表 3.4   公共利益话题讨论热点随时间变化

时间	主要的公共利益话题
20 世纪 90 年代	讨论集中在市场准入规则
21 世纪初	讨论体现了对过高许可费的担忧，对继任者无视 FRAND 承诺出售 SEP 的顾虑
21 世纪 10 年代	对地缘政治层面的兴趣日益增加
21 世纪 20 年代	考虑到物联网、垂直行业、工业 4.0 对标准的广泛使用，人们对 SEP 所有权和 SEP 事实必要性的透明度越来越感兴趣，也越来越多地关注市场中可能出现的摩擦，以及基于 FRAND 承诺的标准与开源之间的关系

公共利益监管实践包括政府和监管机构开展的公开咨询、相关政策文件的制定
以及法律监管，主要涉及反垄断法和竞争法的应用。

政府机构通常会在开展全面研究和详尽的内部考虑之后进行公开咨询，以听取
社会各界对政策选择和预期措施的建议。在这方面，最典型的例子是欧盟在 2015 年
和 2017 年针对标准和专利进行的公开咨询，其中仅 2015 年的公开咨询就收到近 90
个利益相关方提出的建议，形成了超过 1600 页的报告，这也从侧面反映了公众及相
关从业者对该话题的关注。

政策文件是公共利益监管的有效手段。各国政府和监管机构均发布了一系列对
知识产权和标准主题具有重要意义的政策文件。可以说，欧盟在这方面最为活跃。
其中，比较关键的政策文件包括：欧盟 2011 年发布的《横向指南》，该文件解释了
欧盟委员会如何在实践中应用竞争法，并专门描述了专利和标准的实践；在"欧盟
对标准必要专利的态度"报告中，欧盟委员会阐述了专利和标准领域的主要挑战，
并宣布了其在该领域的政策方向；《欧盟委员会 2020 年知识产权行动计划》文件确
认了 2017 年欧盟宣布的政策路线，细化了具体的实施措施。在我国，中共中央、国
务院也在 2021 年印发了《知识产权强国建设纲要（2021—2035 年）》，将知识产权保
护作为社会主义现代化建设的重要一环，通过建立完善的市场运行机制和公共服务
体系，充分发挥知识产权的积极作用，打造创新强国。同年，中共中央、国务院印
发了《国家标准化发展纲要》，确认了标准在经济活动和社会发展中的重要地位，为
国内标准化事业的发展设定了目标。

竞争和反垄断是公共利益监管实践的重要组成部分。如前所述，竞争和反垄断
法在欧洲也被用于审理 SEP 纠纷，通常基于利益相关方提交的诉讼展开调查。在欧

洲，较为典型的案例包括 2009 年裁决的"RAMBUS"案、同年撤销的"高通"案和"IPcom"案（其中"IPcom"案因当事方承诺 FRAND 许可而撤销），以及 2014 年裁决的"摩托罗拉"和"三星"案等。有兴趣的读者可自行搜索查阅案件细节。

3.3　标准化的经济贡献和战略价值

3.3.1　标准化的经济贡献

标准和标准化是经济体系运行的重要基础，在技术知识传播中发挥着重要作用。相关研究充分证明了它们对经济增长的贡献。例如，德国在 2002 ～ 2006 年期间，标准和技术规则对其国内生产总值（GDP）的贡献率为 0.7% ～ 0.8%。

与专利类似，标准汇集了整理后的知识，为企业提供了技术解决方案或性能要求方面的最新信息。通过正式标准化制定的标准，在定义上是开放的，并且不受单一公司控制。它们对所有能够引用同一知识库的市场参与者都有益。因此，标准促进了竞争，避免了锁定效应或高昂转换成本的出现。标准还支持不同技术平台和系统之间的兼容性。如果没有标准化的接口，基于互补产品的行业（例如应用商店中的各种应用或游戏机上的各种视频游戏）将难以蓬勃发展。此外，标准还有助于评估可购买产品和服务的质量，并防止产品变种泛滥到难以管理的程度。它们能够帮助企业在市场中实现聚焦并建立关键规模。

公共机构在公共采购中使用标准，可以确保公共服务的高质量。除非公司符合指定标准，否则无法申请公共招标。因此，政府可以间接鼓励公司采用标准，从而支持国家的创新和技术进步。

布林德等人在 2011 年估算了标准对德国国内生产总值的贡献。为实现这一目标，他们采用了柯布－道格拉斯生产函数来表示经济投入（如资本和劳动力）与产出（如产品和服务）之间的关系。布林德等人还认同 Robert Solow 的观点，即人类知识提高了劳动力和资本的质量，从而推动了可持续的经济增长。

一个国家劳动力和资本的质量提升情况通过全要素生产率（TFP）来反映。然而，TFP 不仅与技术进步（即知识的产生）有关，还取决于这些知识在企业间的广泛传播。企业能够利用这些知识的程度越高，其生产产出也就越高。值得注意的是，布林德等人不仅考虑了国家标准化机构制定的标准，还考虑了欧洲和国际层面的标准。为估算 TFP，布林德等人进行了如下推理：知识可以在国内产生和使用，也可以在国外产生并由该国机构使用。此外，知识的传播情况最好通过标准的数量来体现。首先，标准不受知识产权的制约，可以不受限制地应用，这与专利的情况不同，因为专利的许可费可能是知识使用的障碍。其次，标准是由专家以共识方式制定的，这些专家将各自公司的技术知识带入了标准制定过程。最后，标准是包含编码知识的文件，知识的编码化有助于其传播。因此，TFP 取决于以下三个因素：

- 在国内产生的技术知识（专利数量）。
- 从国外引进的技术知识（在国外支付的技术许可费数量）。
- 技术知识的传播水平（标准数量）。

显然，标准是经济投入的重要组成部分，标准化对经济增长的益处体现在技术知识的传播方面。在柯布－道格拉斯生产函数中，经济产出随资本和劳动力的增加而增长。然而，随着时间推移，增长率会逐渐降低。这种边际收益递减的效应可以通过技术进步来抵消。换句话说，即使资本和劳动力保持不变，由于知识的产生和传播，经济仍然能够实现增长。这一思想正是"知识经济"的核心：经济增长不再依赖于生产规模，而是依赖于可用信息的质量、数量和可获取性。

布林德等人还发现，在 20 世纪 70 年代，标准对 GDP 的贡献逐渐增加。但在 1986—1990 年期间，这一贡献为负值。对此，布林德等人提到："由于 20 世纪 80 年代中期撤回了 1300 项图形符号标准，当时的标准集合规模仅略微反映了技术知识的传播情况。因此，1986—1990 年，标准对 GDP 的贡献为负值，这可以视为标准集合调整的结果。"然而，自 1990 年德国统一以来，标准对 GDP 的贡献已稳定在 GDP 的 0.7%～0.8% 之间。以货币计算，这相当于每年约 167.7 亿欧元。表 3.5 展示了包括标准在内的生产要素对德国 GDP 的贡献率，而表 3.6 总结了标准对法国、英国、加拿大和澳大利亚 GDP 的贡献率。

表 3.5　生产要素对德国 GDP 的贡献率

生产要素	贡献率								
	1961—1965 年	1966—1970 年	1971—1975 年	1976—1980 年	1981—1985 年	1986—1990 年	1992—1996 年	1997—2001 年	2002—2006 年
资本	2.30%	1.70%	1.60%	1.10%	0.90%	0.90%	0.90%	0.50%	0.30%
劳动力	0.70%	0.10%	−0.50%	0.60%	−0.40%	1.20%	−0.70%	0.60%	−0.30%
专利	0.50%	0.50%	−0.60%	0.60%	1.00%	0.00%	−0.70%	−0.60%	−0.60%
许可证	0.90%	0.80%	0.90%	0.30%	0.50%	2.00%	1.70%	0.10%	0.50%
标准	0.40%	0.60%	1.80%	1.20%	0.70%	−0.02%	0.70%	0.80%	0.70%
特殊因素	0.01%	0.01%	−0.70%	−0.20%	−1.30%	0.01%	0.01%	−1.10%	1.10%

由于 1990 年德国统一，1991 年的数据不够准确，因此表中未包含 1991 年的数据。

表 3.6　标准对法国、英国、加拿大和澳大利亚 GDP 的贡献率

国家	发布机构	时期	GDP 增长率	标准贡献率
法国	法国标准化协会（AFNOR）（2009 年）	1950-2007	5.4%	0.8%
英国	贸易与工业部（DTI）（2005 年）	1948-2002	2.5%	0.3%
加拿大	加拿大标准委员会（2007 年）	1981-2004	2.7%	0.2%
澳大利亚	澳大利亚标准协会（2006 年）	1962-2003	3.6%	0.8%

注：由于无法获得统一的数据，因此本表涵盖了不同的时间段。

3.3.2　标准化的战略价值

标准化的战略价值包括三个方面：商业、技术和政策 / 法律。

从商业角度来看，标准化能够带来以下好处：

- 通过分享有助于创造创新解决方案的不同观点，实现与竞争对手的互利共赢。
- 让所有人都能使用技术。
- 实现规模经济，降低生产成本等。
- 降低投资风险——实现更高的投资回报率。
- 实现技术的全球普及。
- 促进全球合作。
- 公平竞争，使所有利益相关方都能够在平等的条件下参与。
- 允许多供应商解决方案，避免锁定，支持更灵活的供应链，从而简化生产线。
- 确保标准基于组织所拥有的技术。
- 为技术创新提供清晰的知识产权框架。

从技术角度来看，标准化可以带来以下优势：

- 推动创新，因为每次标准的发布都是下一步创新的基础。
- 支持将新的科学证据转化为创新成果应用。
- 避免重复发明。
- 加快技术推广和应用。
- 确保互操作性，支持多供应商解决方案。
- 简化研发，使研发进入全球市场变得简单。
- 便于部署。
- 确保所有领域（从设计到部署）的专业知识具备更高的可用性。
- 避免不必要的碎片化——同一问题的多种解决方案。

标准化可以支持政策和法律的实施，具体如下：

- 支持法律实施，例如在整个欧洲实施统一标准。
- 帮助实现政府制定的公共政策目标。
- 简化监管流程。
- 确保技术惠及所有人，同时考虑到最弱势群体的需求，从而促进包容性。
- 促进政府参与技术开发。
- 强调技术安全可靠。
- 确保技术尊重隐私并保护客户权益。
- 与行业合作，了解并支持新技术的研发和部署。[⊖]

移动通信技术标准化的发展

4.1 全球标准化发展趋势与我国标准化现状

4.1.1 全球标准化发展趋势

1. 全球标准化组织的划分及协作

全球标准化组织是一系列国际和地区组织的统称，负责制定、发布和推广标准，以确保产品和服务的质量、安全、兼容性和效率。在全球化的背景下，标准化组织的作用尤为重要，因为它们有助于降低贸易壁垒，促进跨国界的交流与合作。2015年9月25日，联合国可持续发展峰会在其总部召开。联合国193个成员国在这个峰会上正式通过了17个可持续发展目标，包括消除贫困、消除饥饿、健康福祉、优质教育、性别平等、清洁饮水、清洁能源、体面工作、工业创新、社会平等、永续社区、永续供求、气候行动、海洋环境、陆地生态、机构正义和全球伙伴关系。可持续发展目标旨在从2015年到2030年间以综合方式解决社会、经济和环境三个维度的发展问题，引导全球转向可持续发展道路。而要将可持续发展目标具体化并实现，还需要具体负责的组织或机构来执行。

当前，公认的标准制定组织（SDO）按照影响范围可划分为国际标准制定组织、国家标准制定组织和区域标准制定组织。这些组织负责制定、发布和推广标准，在不同层面上发挥重要作用，以确保产品和服务的质量、安全、兼容性和效率。下面将逐一介绍。

（1）国际标准制定组织

国际标准化组织（ISO）：成立于1947年，总部位于瑞士日内瓦，是世界上最大的国际标准化机构之一。ISO 制定和发布涉及广泛领域的国际标准，如质量管理、环境管理、职业健康安全、信息技术等。我们熟知的质量管理标准是由 ISO 制定的一系列标准组成的。ISO 的标准被 160 多个国家和地区采用。

国际电工委员会（IEC）：成立于 20 世纪初，总部位于瑞士日内瓦，专注于电气工程和电子领域的国际标准制定。IEC 的标准确保了电气产品和系统的安全、可靠与兼容。IEC 的标准在全球范围内被广泛采用，为电力、电子和信息技术等行业的发展提供了重要支持。

国际电信联盟（ITU）：成立于 1865 年，是联合国下属的专门机构，总部位于瑞士日内瓦，负责制定电信和信息社会的国际标准。ITU 的主要任务是制定和发布国际电信标准，以促进全球电信网络的互联互通和可持续发展。ITU 的标准涉及电信网络、传输技术、数据通信、广播和信息技术等多个领域，为全球电信和信息社会的繁荣发展提供了重要支持。地面移动通信系统（4G、5G、6G）的频谱使用规则、性能指标、技术评估方法等内容的相关标准也是由 ITU 制定的。

（2）国家标准制定组织

每个国家都有自己的国家标准制定组织，它负责制定、发布和推广国家标准。例如，中国的国家标准化管理委员会（Standardization Administration of the People's Republic of China）负责中国的国家标准制定工作。国家标准制定组织的任务是根据国家的经济、技术和文化发展需求，制定相应的国家标准，以促进国内产业的发展，保障人民的生活质量和安全。截至 2019 年，我国共有国家标准 36877 项，标准化工作取得了长足发展。

（3）区域标准制定组织

区域标准制定组织是特定地区内负责标准制定和推广的组织。例如，欧洲标准化委员会（CEN）和欧洲电工标准化委员会（CENELEC）是负责欧洲地区标准制定和推广的两个主要组织。区域标准制定组织制定的标准通常适用于该组织成员国家和地区，有时这些标准也会被国际标准制定组织接受和采用。

上述这些标准制定组织通过制定和推广标准，不仅促进了不同国家和行业之间的协调与合作，而且通过确保产品和服务的质量与安全，保护了消费者的利益。此外，这些标准还鼓励新技术的发展与应用，有助于解决全球性问题（如气候变化、能源效率和环境保护等）。上述这些标准制定组织在推动全球经济一体化和可持续发展方面发挥着关键作用。

在标准制定过程中，不同组织之间会进行合作和协调，以确保标准的兼容性和一致性。此外，标准制定组织还会与政府、企业、研究机构和其他利益相关者合作，以确保标准能够反映实际需求和技术发展。以 ISO、IEC 和 ITU 三大国际标准制定组织为例，每个组织内都有对应联合国可持续发展目标的具体行动纲领，具体职责分工及近期活动如图 4.1 所示。这三个组织都是全球标准化领域的重要机构，专注于不同的领域，共同为全球经济和社会发展作出重要贡献。ISO、IEC 和 ITU 之间会合作，以确保在信息技术、电气工程和电信等领域的标准能够相互兼容。

- 与 UNCTAD、UNEC 等联合国专属机构开展合作。
- 上线 700 项 SDGs 映射工具。
- 与 ISO TC 充分沟通并进行指导，确保在新标准项目中融入 SDGs。

- 支持 15 个 SDGs，每个 SDG 都有对应的标准总集和标准子集。
- IEC 专注技术领域，因此 IEC 标准很难与 SDGs 完全对应。
- 确保技术专家使用 SDGs 的相关 IEC 标准。

- 人工智能造福人类峰会，是联合国设立的人工智能领域全球包容性交流平台。
- ITU 每年与相关联合国专属机构等单位合作举办该峰会，推动人工智能发展以满足 SDGs。

图 4.1　三大国际标准制定组织职责分工及近期活动

2. 全球通信技术标准化的发展趋势

通信行业由于设备间的互操作、漫游等需求，天然具有国际标准化的特性。因此，研究全球通信标准化的发展趋势有助于更深入地理解标准化的动因及作用。全球通信标准化的发展趋势如下：

- 5G 和 6G 技术：5G 技术的全球部署正在加速，为各行各业带来创新变革。标准化组织（如 3GPP）正在不断地更新和完善 5G 标准，以支持更多用例和更广泛的应用。同时，6G 技术的研究和开发正在加速。尽管 6G 标准的制定尚需时日，但预计将在 5G 的基础上实现更快的速度、更低的延迟和更广泛的应用场景。

- 物联网（IoT）和边缘计算：物联网设备的数量正在迅速增长，这要求通信标准更加注重低功耗、高可靠性和低延迟的连接技术。边缘计算作为一种新兴的计算模式，将数据处理和存储从云端转移到网络边缘，这需要通信协议和网络架构进行相应的调整和优化。

- 开源与生态系统整合：开源技术在通信行业中的作用日益凸显，标准化组织正努力地将开源项目融入标准制定过程，以保证标准的灵活性和适应性。同时，生态系统的整合至关重要，以确保不同供应商和运营商之间的互操作性。

- 网络自动化和人工智能：随着网络规模的扩大和复杂性的增加，网络自动化变得必要。人工智能（AI）和机器学习（ML）技术在网络管理、优化和预测维护方面的应用正在增加，这要求通信标准能够支持这些新技术的应用。
- 安全和隐私保护：随着通信技术的发展，网络安全和用户隐私保护已成为日益重要的议题。标准化组织正在制定更加严格的安全标准和隐私保护措施，以应对不断变化的威胁。
- 可持续性和环境考虑：全球对可持续性和环境的关注不断增加，通信行业也在努力地减少其环境足迹。标准化组织正在探讨如何在标准制定过程中融入环境友好的设计和运营实践。
- 跨行业协作与融合：通信技术与其他技术（如医疗、交通、能源等）的融合日益紧密，这需要跨行业的协作与标准的协调。标准化组织应与其他行业的标准组织合作，以确保技术的互操作性和兼容性。
- 法规和政策的影响：全球各地的法规和政策对通信标准化具有重要影响。随着数据保护法规、跨境数据流动政策和网络中立性等议题的兴起，标准制定需充分考虑这些法规和政策的要求。
- 地区性和行业特定的需求：不同地区和行业对通信技术有着不同的需求和优先级。标准化组织需要平衡这些特定需求，同时保持全球标准的通用性与一致性。
- 虚拟化和软件定义网络（SDN）：虚拟化和 SDN 等技术正在改变通信网络的架构和运营模式。标准化工作正致力于通过规范这些技术的接口和协议，促进它们的广泛部署。

总结来说，全球通信标准化的发展趋势正在向更高速度、更低延迟、更广泛的互操作性、更高的安全性和更多的智能化的方向发展。这些趋势不仅影响了通信行业的技术发展，也对其他行业产生了深远影响。随着技术的不断进步和全球环境的变化，通信标准化将继续适应新的挑战和需求。

3. 全球通信技术标准化发展的多样性

全球通信标准化的发展不仅关注技术进步，还强调包容性与多样性。国际标准只有做到兼容并蓄，才能让所有相关方共赢。这一趋势体现在标准制定的透明度、跨行业合作、地区差异的考虑以及对不同技术需求的平衡等多个方面。

首先，标准制定的透明度是实现包容性和多样性的关键。全球通信标准化组织（如 ITU 和 3GPP）遵循开放的标准制定流程，允许包括技术供应商、运营商、学术机构、政府机构和消费者组织在内的所有利益相关者参与。这种开放性有助于不同观点和需求得到充分考虑，从而使标准更加全面和公正。

其次，跨行业合作正在成为通信标准化发展的重要趋势。随着通信技术与金融科技、智能交通和医疗健康等行业的融合，标准制定需要更加广泛的合作。这种合作整合了不同行业的专业知识，确保通信标准能够满足跨行业应用的需求，从而促进技术的广泛部署和应用。

此外，地区差异在通信标准化发展中不可忽视。不同地区的通信基础设施的发展水平、市场需求和技术偏好各不相同。全球标准化组织正在努力平衡这些差异，制定能够适应不同地区需求的标准化方案。例如，一些标准化组织正在开发特定区域的通信标准，以满足特定地区的需求和条件。同时，通信标准化的发展也注重平衡不同技术需求。随着 6G、物联网和人工智能等新技术的不断涌现，标准制定需要协调不同技术的需求和优先级。标准化组织需与各方利益相关者密切合作，确保标准能够支持多种技术的发展与应用。

通信标准化的发展还强调对包容性和多样性的支持。这包括确保标准能够支持不同类型的设备和网络、满足不同用户的需求以及支持不同规模的企业和运营商。标准制定需要考虑不同用户和社会群体的需求，以确保技术的普及和公平。

全球通信标准化的发展还关注政策法规的协调。随着数据保护、网络安全和跨境数据流动等问题日益凸显，标准制定需要与相关法规和政策保持一致。这有助于确保标准的实施符合法规要求，同时促进全球通信市场的健康发展。

综上所述，全球通信标准化的发展趋势体现在包容性与多样性的多个方面。通过透明度、跨行业合作、地区差异的考量、技术需求的平衡、支持包容性与多样性以及与政策法规的协调，通信标准化的发展将更好地适应全球社会的需求，推动技术的创新和广泛应用。

4. 全球通信技术标准化发展的数字化趋势

全球通信标准化的发展正受到数字化趋势的深刻影响。一方面，一些关键的数字化技术依赖于规范的国际标准，以便在全球范围内快速推广和应用，包括 5G 和 6G 网络、物联网、云计算和虚拟化、人工智能和机器学习、数字孪生和虚拟现实、安全性和隐私保护、数据化与分析、边缘计算、开放源代码和生态系统整合以及可持续性和环境考虑。

另一方面，数字化本身也在使标准变得更加智能。如图 4.2 所示，ISO/IEC 已经开始着手制定关于数字化标准文本的标准，定义了机器可读、机器可读可执行、完全机器可解析等概念，助力标准文件本身的数字化。IEC 和 ISO 的许多技术委员会（Technical Committee, TC）也表示愿意拥抱数字化潮流。目前，国际通用的绝大部分标准尚未实现数字化和智能化，许多标准文本的解读仍依赖于标准从业专家，但数字化趋势已不可逆转。

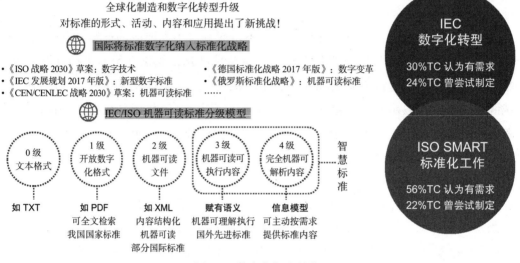

图 4.2　数字化标准趋势

　　总结来说，全球通信标准化的发展正受到数字化趋势的深刻影响。这些数字化趋势不仅影响了通信行业的技术发展，也对其他行业产生了深远的影响。随着技术的不断进步和全球环境的变化，通信标准化将继续适应新的挑战和需求，推动通信技术的创新和广泛应用。同时，数字化技术也将助推标准化工作的效率和精确性。

5. 全球通信技术标准化发展的系统化

　　全球通信标准化发展的系统化体现在将通信技术作为一个整体且相互关联的系统，以提高整个系统的性能和效率。以下是一些关键点，它们展示了通信技术标准化发展中的系统化趋势：

- 整体网络架构的优化：随着通信网络复杂性的增加，标准制定更加注重整体网络架构的优化。这包括网络切片、多网络协同、端到端服务质量保障等方面，这些标准化能够确保网络高效运行和资源优化。
- 系统化安全设计：网络安全是通信系统设计的重要组成部分。在标准制定过程中，系统化安全设计涵盖了网络的各个层面，包括物理安全、数据加密、访问控制和网络安全防护等，以构建多层次的安全体系。

- 标准化与法规的融合：通信标准化的发展需要与法律法规相协调。在标准制定过程中，应考虑法规要求，如数据保护、隐私保护、跨境数据流动等，以确保标准的合法性和有效性。
- 跨行业协同：通信技术与其他行业的融合日益加深，如金融科技、医疗健康、智能交通等。在标准制定过程中，需要与其他行业的标准协同，以确保通信技术的跨行业应用和互操作性。
- 系统化集成和兼容性：面对 5G、物联网、人工智能等新技术的不断涌现，标准制定需要考虑各技术间的集成和兼容性。这包括各技术间的接口、协议和架构的标准化，以确保系统的整体性能。
- 用户体验的优化：在标准制定过程中，应更加注重提升用户体验，包括用户界面、服务质量、网络性能等方面的标准化，以提供更好的使用感受。
- 可持续性和环境考量：在标准制定过程中，需要考虑如何降低能源消耗、减少废物产生等环境问题，以实现可持续发展。
- 可扩展性：通信系统需要具备可扩展性，以适应不断变化的技术和市场需求。在标准制定过程中，需要考虑系统的可扩展性，以支持新应用和服务的发展。这可能为技术标准的制定带来一定的挑战，但主流标准化组织的技术标准通常会预留前向兼容的空间，从而支持后续的更新版本。

总结来说，全球通信标准化发展的系统化体现在将通信技术作为一个整体且相互关联的系统来提高整个系统的性能和效率。通过优化整体网络架构、系统化安全设计、融合标准化与法规、推动跨行业协同、实现系统化集成与兼容性、优化用户体验、注重可持续性与环境保护以及加强开放性与可扩展性等方面的标准化，通信系统能够更好地满足市场需求，提供更优质的服务。

在标准制定过程中，由于需要为一个复杂的系统制定标准，标准化组织往往采用分层、分组的分工方法，其中包括较为著名的 ISO/OSI 七层网络模型，以及 3GPP 的三个大技术组和若干子工作组的工作方式。图 4.3 展示了 IEC 的系统参考架构及其对应的工作方法。

6. 全球标准化发展的重点领域

全球标准化发展的重点领域及其发展趋势如下：

（1）信息技术与通信技术（ICT）领域

- 5G 和 6G 网络：全球正在加速部署 5G 网络，标准化组织正在不断地更新和完善 5G 标准，同时，也在研究和发展 6G 网络。目前，6G 在国际上虽然还处于萌芽阶段，但是已经达成了一些业界共识，包括制定全球统一的 6G 标准、围绕应用场景展开研究等。

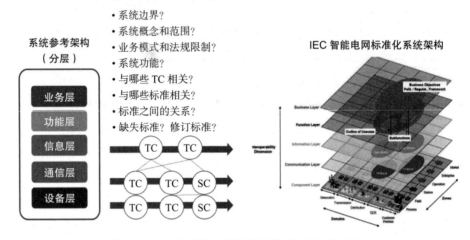

图 4.3　IEC 的系统参考架构及其对应的工作方法

- 物联网：物联网设备的数量正在迅速地增长，标准制定需关注低功耗、高可靠性和低延迟的连接技术，以确保不同设备和平台之间的互操作性及提升系统性能。
- 云计算：云计算的广泛应用改变了网络架构和运营模式，标准制定需要关注如何通过标准化接口和协议来促进云计算的广泛部署。

（2）制造业领域

- 工业 4.0：工业 4.0 强调利用信息技术和通信技术改进制造业的各个环节，标准制定需要关注工厂自动化、智能制造和工业互联网等的技术标准。
- 数字孪生：数字孪生为制造业提供了新的应用场景。数字孪生的实现需要物理实体和虚拟实体之间持续地进行信息交互。标准制定需要确保不同设备和平台之间的互操作性，以及支持高质量的数字孪生体验。

（3）能源领域

- 智能电网：智能电网的发展依赖标准化来确保电网的可靠性、安全性和效率。标准制定需关注电网的通信协议、数据管理和分布式能源资源管理等的技术要求。

- 可再生能源：全球对可持续发展的关注不断增加，可再生能源（如太阳能和风能）的利用越来越广泛，标准制定需要关注可再生能源系统的性能、安全和可靠性等的技术标准。

（4）交通与物流领域

- 自动驾驶：自动驾驶的发展依赖标准化来确保车辆的安全性、可靠性和互操作性。相关标准的制定需要关注车辆通信、传感器技术和数据交换等的技术标准。

- 智能交通系统：智能交通系统的发展依赖标准化来确保交通管理的效率和安全性。相关标准的制定需关注交通数据的收集、处理和共享等的技术标准。

（5）健康医疗领域

- 电子健康记录：电子健康记录系统的标准化有助于提高医疗服务质量和效率。标准制定需要关注数据交换格式、数据安全和隐私保护等的技术标准。这些技术点可能与轻量化物联网存在部分重叠。

- 远程医疗：远程医疗技术的发展依赖标准化来确保医疗服务的质量和安全。标准制定需关注医疗数据的传输、视频通信和远程诊断等的技术规范。更高性能的通信网络将为远程医疗提供更有力的支持。

（6）环境监测领域

- 物联网传感器：在环境监测领域，物联网传感器用于收集各种环境数据，如空气质量、水质和温度等。标准制定需要关注传感器的性能、可靠性和互操作性等的技术要求。

- 大气污染控制：标准制定需要关注大气污染控制技术、排放标准、监测方法等技术标准，以减少污染物排放，保护环境。

- 通感一体化：6G 的一个重要应用场景是通感一体化，即利用通信基础设施的复用优势，使运营商能够在几乎不需要额外硬件部署的情况下，通过软件升级为客户提供感知服务。感知的目标可根据不同的应用场景而有所不同，其中包括环境监测等多种可能。

（7）金融技术领域

- 移动支付：移动支付技术的普及和发展依赖标准化来确保支付的安全性、可靠性和互操作性，标准制定需关注支付协议、数据安全和隐私保护等的技术规范。

- 区块链技术：区块链技术在金融领域的应用正在增长。标准制定需要关注区块链的安全性、可扩展性和互操作性等的技术标准。目前，3GPP 已经开展了区块链相关技术与网络融合的研究，这样，在未来，这项研究可应用于金融支付领域。

- 数据库：数据库是计算机科学技术的重要支柱之一，也是金融支付系统的重要组成部分。确保数据库与其他软件的正确交互需要国际标准化的支持。目前，国内也在积极地研究具有自主知识产权的数据库，如 GoldenDB。

这些重点领域的发展表明，全球标准制定需要关注技术创新和应用的需求，确保不同行业和领域的可持续发展。在全球加大科技投入、注重成果产出的今天，各个国家和区域之间的竞争也变得更加激烈。新一代信息通信技术标准化的参与者既要适应竞争，又要有维护全球统一标准的决心，为产业发展贡献智慧和力量。

4.1.2　我国标准化现状

1. 我国通信技术标准化概述

我国通信标准化的起源可以追溯到 20 世纪 50 年代，当时，我国已经开始建设通信网络。然而，真正意义上的通信标准化是在改革开放以后进行的。随着我国经济的快速发展，通信产业取得了显著进步，通信标准化也得到了前所未有的重视和发展。

改革开放以后，我国通信标准化逐渐走向正规化。全国信息技术标准化技术委员会（以下简称信标委），即原全国计算机与信息处理标准化技术委员会，成立于1983 年，在国家标准化管理委员会和工业和信息化部的共同领导下，从事全国信息技术领域标准化工作的技术组织，对口 ISO/IEC JTC 1（除 ISO/IEC JTC 1/SC 27）。信标委的工作范围是信息技术领域的标准化，涉及信息和数据的采集、表示、处理、传输、交换、描述、管理、组织、存储、检索，以及产品与系统的设计、研制、管理、测试和相关工具开发等的标准化。随后，通信运营商、设备制造商和研究机构也纷纷成立了相应的通信标准化组织，这些组织积极参与国际通信标准化活动，推动我国通信标准走向世界。

在通信标准化组织的推动下，我国通信标准得到了快速发展。从 20 世纪 80 年代开始，我国启动了数字通信、光纤通信、移动通信等领域的一系列标准制定工作。经过多年的努力，我国制定了一系列具有自主知识产权的通信标准，如 TD-SCDMA、TD-LTE、EVDO、WAPI 等。这些标准的制定和实施为我国通信产业的发展提供了有力支持。在此过程中，我国通信标准化组织积极地参与国际通信标准化活动，与世界各国通信标准化组织建立了广泛的合作关系。在 ITU 和其他国际组织中，我国发挥了重要作用。通过参与国际标准制定，我国通信标准得到了国际认可，为我国通信设备制造商和运营商提供了广阔的市场空间，也为我国消费者获得高质量、高性价比的终端产品和通信服务提供了益处。

面对 5G、物联网、大数据等新技术的快速发展，我国通信标准化工作面临新的挑战和机遇。在未来，我国将继续加大通信标准化的工作力度，推动通信产业的创新发展。一方面，我国将进一步提高通信标准的质量和水平，增强国际标准制定能力，提升我国在国际通信标准化领域的影响力。另一方面，我国将加强通信标准化人才队伍建设，培养更多高素质的通信标准化人才，为我国通信产业发展提供有力支持。

总之，自改革开放以来，我国通信标准化事业取得了显著的成绩。在通信标准化组织的推动下，我国通信标准得到了快速发展，为通信产业的繁荣作出了重要贡献。

2. 我国通信技术标准化的开展

中国在国际通信标准化活动中发挥着日益重要的作用。以下介绍中国参与通信标准化活动及相关建设的若干方面。

- 国际电信联盟（ITU）：中国是 ITU 的成员国，积极参与 ITU 的各项活动，包括世界电信展、ITU-T 的会议和工作组。在 ITU-T 中，中国专家提出了许多标准提案，并在一些关键技术领域的标准化工作中发挥了重要作用，如 IPv6、光传输网络、网络和信息安全。在 ITU-R 中，中国专家广泛地参与各个工作组，为地面和卫星通信、广播等系统制定频谱和轨位资源使用规则，并定义新一代通信系统的技术指标、评估方法等。在 ITU-D 中，中国也向其他发展中国家分享了本国通信行业的发展经验，推广了成功发展通信行业以赋能各行各业的路线图。在此过程中，中国企业也积极参与，为中国代表团提供了有力支持。

- 第三代合作伙伴计划（3GPP）：3GPP 是全球移动通信标准化的制定机构，中国是其正式成员。中国移动、中国电信、中国联通、中兴、华为等企业都积极地参与了 3GPP 的标准制定。在 3GPP 中，中国推动了一系列技术的标准化，包括非正交复用、补充上行、信道编码等，并发挥了关键作用。

- 国际标准化组织（ISO）和国际电工委员会（IEC）：中国是 ISO 和 IEC 的正式成员，通过这些组织，中国参与了更广泛的标准化活动，包括通信领域以及其他领域。

- 区域性标准化组织：中国还参与了亚洲电信标准化委员会（ATSC）和其他的区域性标准化组织，这推动了区域内的技术标准化和互操作性。
- 国内标准化工作：中国通信标准化协会（CCSA）负责国内通信标准化工作，制定和推广国家标准、行业标准和团体标准。中国移动、中国电信、中国联通等电信运营商，以及中兴、华为等设备制造商，在国内通信标准化工作中均扮演重要角色。
- 技术研究与创新：中国在通信技术研究与创新方面的投入是巨大的。通过国家重点项目、补贴和税收优惠等政策，推动企业在 5G、6G、物联网、云计算等领域的研究与标准化工作。
- 人才培养与合作：中国重视通信标准化人才的培养，通过设立相关专业、举办培训班和建立研究机构来提高标准化人才的专业水平。中国还与国际社会在标准化领域开展人才交流与合作，从而提升国际视野和标准化的水平。

通过这些活动和建设，中国不仅推动了国内通信技术的发展和标准化进程，也在国际通信标准制定中获得了更大的话语权，为全球通信技术的发展作出了重要贡献。随着通信技术的不断进步，中国在通信标准化方面的作用将变得愈加重要。

3. 我国通信技术标准化活动

中国通信技术标准化活动是指在中国范围内，为推动通信技术的发展和应用，制定和实施通信标准的一系列工作。这些活动由政府机构、行业组织、科研院所和企业共同参与，旨在提升通信网络的性能、安全性和可靠性，促进产业的规范化发展，满足经济社会发展对通信技术日益增长的需求。由于国内通信行业产业链覆盖广泛，包括无线、有线、光通信、卫星通信、广播等业务，并且有大量相关高校、科研院所和企业参与，因此，国内通信行业的标准化活动由多个组织指导和承接。以下是中国通信技术标准化活动的主要内容。

- 标准制定：中国通信标准化协会（CCSA）和相关标准化技术委员会负责制定和修订通信行业标准、国家标准和国际标准。这些标准涵盖无线通信、光纤通信、数据通信、网络架构、信息安全、云计算、物联网等多个领域。在通信领域，CCSA 是国内最具影响力的标准化组织，同时也是 3GPP 中代表中国的伙伴。目前，国内绝大多数现行通信领域标准都是由 CCSA 结合国际标准化情况和我国国情制定发布的。
- 标准审查和发布：通过严格的审查流程，确保标准的科学性、实用性和前瞻性。经过审查通过的标准将被正式发布，并依法实施。

- 标准推广和培训：为了确保通信标准得到有效实施，相关组织会开展标准推广和培训活动，从而提高行业人员的标准化意识和执行能力。目前，我国更加重视标准化活动和标准人才的培养，新增了针对标准化从业人员的职业资格认定和相关培训。在国内，通信标准化龙头企业也自发地开展标准领域的校企联合人才培养。

- 国际交流与合作：中国积极地参与国际通信标准化活动，与 ISO、ITU、3GPP 等国际组织合作，推动中国标准与国际标准接轨，提升中国在国际标准制定中的影响力。同时，结合我国国情，将国际标准应用于我国产业和社会。

- 技术研究与创新：鼓励和支持通信领域的技术研究与创新，以推动新标准的制定和技术的发展。

- 产业协同：与工业和信息化部门、运营商、设备制造商、科研机构等产业各方协同合作，促进通信标准化工作与产业发展的深度融合。

- 监管支持：为政府部门提供通信标准化相关的技术支持和政策建议，并支持政府开展行业监管。

- 信息共享与传播：通过建立标准化信息平台，共享标准的制定、实施和更新信息，提高行业的透明度和信息交流的效率。

通过这些活动，中国通信标准化工作不仅推动了国内通信技术的进步和产业的发展，也为全球通信标准化工作做出了贡献。随着 5G、6G 等新一代通信技术的发展，中国通信标准化工作将面临新的挑战和机遇。中国会继续在国际化、专业化、高效化的道路上前进，并培养出更高素质的标准化人才。

4. 我国与国际标准化的接轨和交流

标准化天然具备国际属性，在通信领域尤为如此。自 3G 时代以来，无线通信行业中的国际统一标准使得不同地区、不同厂商设备之间的互操作成为可能，也为终端消费者提供了漫游的可能性和极大的旅行便利。我国高度重视与国际标准化接轨和积极交流，这主要体现在以下几个方面。

- 加入国际标准化组织：中国（或政府直属机构）是许多国际标准化组织的成员，包括国际电信联盟（ITU）、国际标准化组织（ISO）、国际电工委员会（IEC）等。通过参与这些组织，中国不仅能够了解和采纳国际标准，还能积极地参与国际标准的制定，推动中国标准走向世界。

- 参与国际标准制定：中国专家积极地参与国际标准制定工作，提出标准提案，贡献中国智慧。在某些领域，如 5G 技术、高速铁路等，中国标准已成为国际标准的重要组成部分。

- 推动区域标准化合作：中国与亚洲、欧洲、非洲等地区的标准化组织合作，推动区域内的标准化工作。通过区域合作，中国能够更好地融入区域经济一体化进程，促进贸易和技术交流。
- 标准化研究和信息交流：中国通过建立标准化研究中心、参加国际会议和研讨会等方式，与各国分享标准化研究成果，提升标准化水平。中国还通过标准化信息平台，共享标准信息，提高标准的透明度和可获得性。
- 人才培养和交流：中国重视标准化人才的培养，通过国内外培训项目和学术交流等方式，提升标准化人才的素质。中国还与其他国家合作，共同培养具有国际视野的标准化人才。
- 法律法规和国际合规：中国在制定国内的法律法规时，会参考并采纳国际标准，确保国内法律与国际标准的一致性，以满足 WTO 的贸易要求。中国企业在国际市场上也积极地遵守国际标准和规则，从而能够提升产品的国际竞争力。
- 应对全球性挑战：在全球性挑战方面，如气候变化、环境保护等，中国参与国际标准化工作，推动全球问题的解决，并与其他国家合作，共同制定应对全球性挑战的标准和规范。

通过这些交流，中国不仅提升了自身的标准化水平，也为全球标准化工作作出了贡献，增强了中国在国际舞台上的影响力。随着经济的快速发展和国际地位的提升，中国在国际标准化工作中的角色将越来越重要。

5. 我国通信技术标准化人才的培养

中国通信标准化人才的培养工作是国家信息化发展战略的重要组成部分，也是提升我国通信产业的国际竞争力的重要手段。近年来，我国政府高度重视通信标准化人才培养，通过多种途径和方式积极地推进相关工作。

为了培养通信标准化人才，我国在高等教育阶段开设了通信工程、信息工程、电子工程等相关专业，许多高校还开设了通信标准化、网络安全、大数据等方向的专业课程。此外，一些高校与国内外通信企业合作，建立了通信工程实验室和研究中心，这为学生提供了实践机会。另外，我国还设立了一批涵盖通信领域和其他领域的标准化人才培训基地和创新基地。需要指出的是，我国目前虽然在加大力度培养标准化专业人才，但是开设相关专业课程的高校仍然较少。在此背景下，一方面需要政府加强引导和支持，在标准化专业人才培养方面倾斜教育资源。另一方面可以积极地动员社会力量，鼓励相关企业自发地开展校企合作项目。除了全日制教育外，还可以通过短期培训、研讨会、讲座等形式，为在岗人员提供通信标准化的继续教育。这些培训通常由通信标准化协会、专业学会、企业等组织来举办，培训内容涵盖最新通信技术、国际标准动态、标准化方法等。

我国积极地参加国际电信联盟（ITU）、国际标准化组织（ISO）、国际电工委员会（IEC）等国际组织的工作，通过国际合作与交流，培养了一批具有国际视野的通信标准化人才。同时，我国还鼓励企业派遣技术人员到国外学习交流，从而能够提升他们的国际化能力。近几年，我国代表团积极地参加了 IEC 青年标准化人才项目，通过工作坊、竞赛、交流等一系列形式，使青年标准化人才接触和融入国际圈子，展示自身实力和愿景。同时，我国还通过承办国际标准化会议的方式，创造机会让更多国内的青年人才能够接触到国际标准化工作的一线人员。

总之，我国在通信标准化人才培养方面做了大量工作，也取得了一定的成果。但与国际先进水平相比，我国通信标准化人才储备仍存在一定差距。这主要是由于国际标准化工作场合的通用语言是英语，英语母语国家的技术人员可以无障碍地参会交流，表达流畅自信；而作为非英语母语的国家，我国技术人员需要同时具备较强的语言能力和表达能力，这对人员的综合素质提出了较高要求。随着我国坚持对外开放和加强国际交流，我国标准化人才储备将不断地提升。

4.2　全球移动通信技术标准化的演变

自美国贝尔实验室提出蜂窝小区的概念以来，移动通信技术的发展可以划分为各个"时代"。到 20 世纪 80 年代，移动通信技术实现了大规模商用，真正意义上的 1G（The First Generation）正式形成。自此之后，移动通信技术以近乎每 10 年一代的速度快速地迭代发展。时至今日，第五代移动通信技术（5G）已成功地走进了千家万户，并在日常生活与工业生产中发挥着越来越重要的作用。

第一代移动通信技术（1G）主要采用模拟调制技术，一般只能支持语音信号的无线传输。受制于当时的条件，1G 存在容量有限、保密性差、通话质量不高且不支持短信等数据信息的缺点。

鉴于 1G 出现的种种问题，第二代移动通信技术（2G）在 1995 年应运而生。2G 以数字调制为核心，用户体验速率可达 10kbit/s，峰值速率可达 100kbit/s。

在 2G 问世不久的 2001 年，第三代移动通信技术（3G）宣告诞生。3G 与 2G 的主要区别在于传输声音和数据速度的提升。不同于 2G 仅支持数字电话和短信业务，

3G 扩展了频谱，采用多载波捆绑技术，能够在全球范围内更好地实现无线漫游，并处理图像、音乐、视频流等多种媒体形式。同时，3G 是将无线通信与国际互联网通信结合的一代移动通信系统，其速率可达到几百 kbit/s。

第四代移动通信技术（4G）将 WLAN 与 3G 通信技术结合，通过运用正交频分复用（Orthogonal Frequency Division Multiplexing, OFDM）、多输入多输出（Multiple-Input Multiple-Output, MIMO）以及智能天线技术，使图像传输速度更快，传输质量更清晰。4G 的传输速率可达每秒几十兆，带来了高清视频直播、云计算和手机网游等应用。

第五代移动通信技术（5G）问世于 2018 年。通过运用超密集异构网络、自组织网络、D2D 通信、M2M 通信等技术，5G 传输速率可以达到 Gbit/s，空口时延限制在 1ms。在此基础上，大数据和海量连接得到了快速发展，智慧工厂、远程手术、无人驾驶汽车等应用已经逐渐成为现实。

4.2.1　1G 至 5G 的演变

1G 至 5G 的演变如图 4.4 所示。

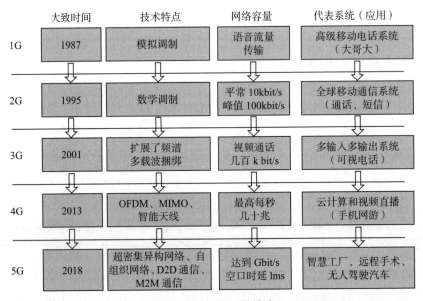

图 4.4　1G 至 5G 的演变

网络通信飞速发展，整体措施呈现多元化，具有较高且较为开放的优势，并在很大程度上能够满足互联网时代人们生活和生产的需求。当前社会中，各个行业的发展都较为迅速，移动通信的需求也在不断增长和扩大，其作用也越来越大。

但单个基站的力量其实是非常渺小的。看似一个个复杂的庞然大物，也就只能覆盖方圆几百米的范围。在密集城区，一个 1800MHz 频段的 4G 基站的覆盖半径也就是 300m 左右。因此，一个个孤立的基站单打独斗是没法提供良好服务的。需要让众多的基站联合起来，遵守相同的规则，互通有无，协同工作才能满足移动通信需求。这大量的基站联合起来，再加上其他的一些传输、控制节点，就组成了一张"网"。业界一般把这张网叫作"蜂窝移动通信网"（图 4.5）。

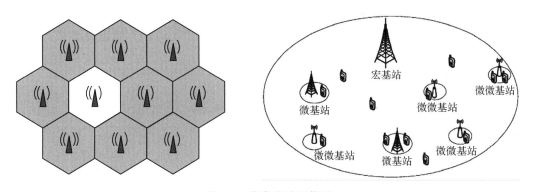

图 4.5　蜂窝移动通信网

（1）1G

1G，即第一代移动通信技术，是互联网和电信领域结合的第一代产品。1G 启动于 20 世纪 80 年代，完成于 20 世纪 90 年代，美国是第一个推出 1G 网络的国家。在当时，1G 网络的速度只有 2.4kbit/s，同时由于采用模拟信号，因此具有明显的局限性，例如语音质量差、电池寿命短、容量有限等。因为当时世界上并没有统一的通信技术标准，所以在 1G 时代，移动通信只能在国家范围内进行。尽管 1G 存在上述种种缺陷，但是它的出现仍具有划时代的意义，使人与人之间的通信不再局限于固定地点，而是可以自由移动，并为第二代移动通信技术的发展铺平了道路。

提起 1G，就不能不提摩托罗拉 (Motorola)。如果说当年 American Telephone & Telegraph Company（AT&T）公司是有线通信之王，那么摩托罗拉无疑是 1G 的开创者。事实上，1G 最早可追溯至二战期间美国军方的移动通信项目。从 1940 年起，摩托罗拉深度参与了这一军用项目的研发，并在此基础上研制出一款具有长天线、可覆盖范围为 1km 的小型对讲机。这款小型对讲机正是"大哥大"的原型。

在二战结束后，民用公共无线通信进入了快速发展期，摩托罗拉和贝尔实验室展开竞争，力图在这一充满前景的领域占据优势。1973 年，摩托罗拉公司的工程师马丁·库帕（Martin Cooper）发明了世界上第一部移动电话，将自己和公司的名字载入史册。1984 年，摩托罗拉推出了首个蜂窝无线电话系统以及第一款商用蜂窝移动电话——DynaTAC 8000X。1985 年，摩托罗拉在美国、英国、日本等多个国家签订供货合同，协助建立第一代移动通信网络。至此，摩托罗拉在 1G 时代确立了无可争议的领导地位。

（2）2G

由于 1G 的通话质量和保密性较差、信号不稳定，经常出现串号、盗号等现象，因此人们开始着手研发新型移动通信技术。同时，在 20 世纪 80 年代后期，大规模集成电路、微处理器与数字信号的应用逐渐成熟，移动通信运营商也逐渐倾向于采用数字通信技术。在此背景下，2G，即第二代移动通信技术，于 1995 年率先在欧洲推出。

2G 是全球移动通信系统（Global System for Mobile Communications，GSM）技术，其传输速率可以达到 64kbit/s，是 1G 的几十倍。与 1G 不同的是，2G 不再采用模拟信号，而是开始使用数字信号。除了基础的语音功能外，2G 网络还支持短信类服务。2G 的出现标志着人类在移动通信领域首次从模拟信号转换为数字信号，实现了传输速度和质量的显著提升。

（3）3G

虽然 2G 在 1G 的基础上增加了短信业务，为人们带来了文本服务，但是由于网速较慢，无法支持视频通话，这促使研究者进一步优化移动通信技术并迈向 3G。3G 的最大的优点是更快的网速。在 2G 时代，移动电话终端的下载速度仅为 9600bit/s ～ 64kbit/s，而在 3G 初期，其下载速度则达到了 300kbit/s ～ 2Mbit/s，提升了三十多倍。

3G 的核心技术是码分多址（Code Division Multiple Access，CDMA）技术。该技术起源于二战时期提出的"扩频通信"（码分扩频）技术。二战结束后，美国军方封存了这项技术，但其概念已引起许多国家的关注。1989 年，美国高通公司大幅改善了 CDMA 的功率问题，并成功将其商业化应用于移动通信系统。从技术上看，2G 的时分多址（TDMA）信道一次仅能供一个人使用，因此容量十分有限。相比之下，CDMA 采用了码分扩频技术，使得所有人可以同时通话且不被其他人干扰，从而大幅提升了系统容量，达到了 GSM 的 10 倍以上。然而，由于高通公司缺乏手机制造经验，因此欧洲的运营商对其兴趣不大，即使在美国国内，也只有少数运营商愿意采用高通提出的通信系统。同时，欧洲大力发展 GSM，在短短数年内建立了国际漫游标准，并在全球范围内广泛建设 GSM 基站，导致高通的 CDMA 一直处于雷声大雨点小的状态。为了解决这一问题，高通公司开始实施"专利地雷"布局策略。

1）造地雷：建立垄断性的专利布局。

首先，高通公司围绕 CDMA 的功率控制、同频复用、软切换等技术，构建了 CDMA 的专利体系，使得自己在专利数量和质量上相较于其他公司占据了显著优势。同时，高通公司内部组建了庞大的专利律师团队，通过并购、诉讼等手段将与 CDMA 相关的专利集中到自己手中。

2）埋地雷：将专利技术嵌入通信标准。

之后，高通公司表面上提出了一套普通的基于 CDMA 的技术标准，实际上将与自身相关的 CDMA 专利全部嵌入了该标准。任何公司和个人使用该技术标准都会涉及高通的专利。

3）更多的挑战：将 CDMA 算法整合入芯片。

最后，高通公司将 CDMA 的算法嵌入到集成芯片中，成功地将信号的发送与接收、电源管理和数模转换整合于单一芯片之上。这样一来，使用高通专利的手机厂商必须先缴纳一笔授权费以取得专利使用权。在芯片或产品量产后，还需要根据出货量支付按照产品售价一定比例的费用，平均每部手机需缴纳 5% ～ 10% 的专利费。至此，高通完成了对 CDMA 技术的专利布局。

鉴于此，爱立信、诺基亚、阿尔卡特等实力雄厚的欧洲厂商虽知 TDMA 难以与 CDMA 的优势抗衡，更难以作为 3G 核心技术，但谁也不愿接受高通强势的方案。于是，某些欧洲国家与日本等原本推行 GSM 标准的国家联合起来，成立了 3GPP 组织，它负责制定全球第三代通信标准。3GPP 谨慎地参考了 CDMA 技术，尽量绕过高通设下的专利陷阱，开发出了原理类似的宽带码分多址（W-CDMA）。高通不甘示弱，迅速与韩国联合组成了第三代合作伙伴计划 2（3GPP2），使其与 3GPP 抗衡，并推出了新的 CDMA2000。同时，值得一提的是，在 3G 时代，中国首次提出了自己的通信标准——时分同步码分多址（TD-SCDMA）。

因为移动通信运营商和设备制造商都不愿意触碰高通的专利地雷，所以 CDMA2000 的市场占有率并不高。然而，由于三大通信技术标准都涉及 CDMA 的底层专利技术，因此仍无法避免向高通支付专利使用费。这使高通在 3G 时代成为最大的赢家。

（4）4G

随着智能手机的发展，用户对移动流量的需求不断提升，为此 W-CDMA 先后演进出支持 3.5G 的高速下行分组接入（HSDPA）以及支持 3.75G 的高速上行分组接入（HSUPA），但其 CDMA 技术框架并未改变，因而仍然难以满足用户需求。直到 OFDM 技术的引入，4G 才真正开始显现端倪，因此可以说 4G 是由正交频分复用（OFDM）引发的变局。

其实，OFDM 并不是一项新技术，早在 20 世纪 60 年代，贝尔实验室就发明了 OFDM。在之后的 80 年代，OFDM 的技术框架已经基本完善，但一直未引起电信行业的广泛关注。直到 2003 年，IEEE 在 OFDM 技术的基础上，先后推出了 IEEE 802.11b 和 802.11g，使得 WiFi 设备的传输速度从原先的 11Mbit/s 提升至 54Mbit/s。同时，IEEE 引入了多输入多输出（MIMO）技术，这使传输距离和速率进一步提高，峰值速率甚至达到 600Mbit/s，不仅成功解决了多径干扰问题，还提升了频谱效率，大幅地增加了系统的吞吐量和传输距离。

如图 4.6 所示，OFDM 技术的原理是将信道划分为若干正交子信道，将高速数据信号转换为并行的低速子数据流，并将其调制后在每个子信道上传输。正交信号可以通过在接收端采用相关技术进行分离，从而减少子信道之间的相互干扰。每个子信道的信号带宽小于信道的相关带宽，因此可以将每个子信道视为平坦衰落，从而消除码间串扰。它的调制和解调分别基于快速傅里叶逆变换（IFFT）和快速傅里叶变换（FFT）实现，是一种实现复杂度最低、应用最广泛的多载波传输方案。

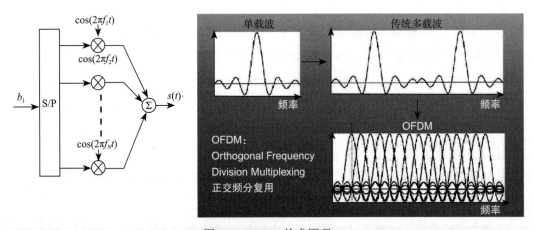

图 4.6　OFDM 技术原理

4G 主要指长期演进（LTE）技术，它是 3G 和 WLAN 技术结合的产物。4G 抛弃了 CDMA，采用 OFDM 和 MIMO 天线为核心技术，并以 3G 技术的优点为基础，不断进行发展升级。最初的 LTE 并未被 3GPP 组织认可，3GPP 组织认为其未达到 ITU 描述的 4G 无线通信标准。但通过不断升级，在 LTE 基础上发展形成的 LTE 增强版

（LTE-Advanced）已经满足了 ITU 的技术征集需求，因此人们常说的 4G-LTE 通常指的是 LTE-Advanced。LTE 技术主要包括时分双工长期演进（TD-LTE）和频分双工长期演进（FDD-LTE）两种，其中 TD-LTE 一般用于数据业务，FDD-LTE 一般用于大范围的覆盖业务。2013 年 12 月 4 日，中国移动、中国电信和中国联通都获得了 TD-LTE 牌照，这标志着中国正式进入 4G 时代。

（5）5G

5G 技术的雏形完成于 2017 年末，其特点可以总结为高速率、大带宽、低时延。4G 和 5G 性能指标对比如表 4.1 所示。相较于 4G 以 100Mbit/s 传输，5G 的传输速率高达 10Gbit/s，比 4G 快约 100 倍。同时，5G 的网络容量是 4G 的 1000 倍，还可以提供以 Gbit/s 为单位的大数据传输能力，为物联网、智慧家庭等应用场景提供了连接支持。不同于 1G 至 4G 的移动通信系统，5G 是一个端到端的生态系统，通过现有和新用例以及可持续发展的商业模式，为更多用户和合作伙伴创造价值，其最终目标是构建一个全连接、全移动的社会。截至 2022 年，全球多个国家已正式商用 5G 网络，总用户数已突破亿级，5G 网络成为当今互联网和电信领域的先进代表。

表 4.1　4G 与 5G 性能指标对比

性能指标	4G	5G
延迟	10ms	小于 1ms
峰值数据速率	1Gbit/s	20Gbit/s
移动连接个数	80 亿个（2016 年）	110 亿个（2021 年）
通道带宽	20MHz	100MHz（6GHz 以下）400MHz（6GHz 以上）
频段	600MHz ～ 5.925GHz	600MHz 毫米波
上行链路波形	单载波频分多址（SC-FDMA）	循环前缀正交频分复用（CP-OFDM）
用户设备（UE）发射功率	20/23/26dBm	23/26dBM

从 1G 到 5G，人类用了近四十年的时间。在这四十年的发展过程中，移动通信实现了从模拟到数字、从单一电话业务到多媒体业务、从即时通讯到全覆盖和智能化的转变。纵观 1G 到 5G，移动通信带给人们体验的变化可以概括为"有""好""强""爽""悦"五个字。"有"主要形容 1G，1G 的问世带来了移动通信，实现了从无到有的突破，极大地方便了人与人之间的沟通交流。"好"主要形容 2G，2G 改善了 1G 存在的种种问题，增加了短信业务，提升了移动通信系统的能力。"强"主要形容 3G，3G 将移动通信从单一电话业务拓展到了多媒体时代，增强了移动通信的多种功能。"爽"主要形容 4G，在 4G 时代，全 IP 移动宽带数据业务登上舞台，视频直播、手机网游为人们带来了全新的体验。"悦"主要形容 5G，5G 在追

求高速率数据传输的同时，更加注重用户体验，也更关注移动通信对用户持续发展的影响。

4.2.2　1G 至 5G 标准的变化

（1）1G 标准

1G 标准制定于 20 世纪 80 年代，由于当时并没有专门的通信标准化组织，因此各国制定的通信标准并不完全一致。当时全球出现了 7 种 1G 标准，分别是北欧、东欧、俄罗斯使用的北欧移动电话（NMT）、美国和其他 72 个国家和地区采用的高级移动电话系统（AMPS）、英国和其他 30 个国家和地区采用的全接入通信系统（TACS）、日本采用的日本全接入通信系统（JTAGS）、西德采用的无线电话网络 C（C-Netz）、法国采用的 Radiocom 2000 以及意大利采用的综合无线移动电话（RTMI）。正因为各国的通信标准不同，1G 只能在国家范围内传输，无法实现全球漫游，也未形成国际统一的通信标准。值得一提的是，中国的第一代模拟移动通信系统于 1987 年 11 月 18 日在广东第六届全运会上开通并正式商用，主要采用的是英国的 TACS 标准。

（2）2G 标准

在 2G 时代，TDMA 和 CDMA 技术发展迅速，在此基础上，美国的高级数字无绳通信（ADC）、欧洲的 GSM、日本的个人数字蜂窝（PDC）标准得到了广泛支持。尤其是欧洲的 GSM，打破了美国 AMPS 在 1G 时代的垄断地位，成为当时最广泛使用的移动通信标准。随着 GSM 的崛起，欧洲的诺基亚和爱立信也超越了摩托罗拉，成功取得全球手机市场和通信设备市场的主导地位。中国的第二代移动通信系统以 GSM 为主，CDMA、临时标准 95（IS-95）为辅，仅用十年时间，移动用户数量就达到了 2.8 亿，超过了当时的固定电话用户数。

然而，由于摩托罗拉垄断了 1G，这意味着第一代移动通信标准掌握在美国人手中，因此在 2G 刚起步时，欧洲各国都意识到了单打独斗难以与美国抗衡。1982 年，欧洲邮电管理委员会成立了"移动专家组"，专门负责移动通信标准化的研究。1991 年，爱立信和诺基亚率先在欧洲大陆架设了第一个 GSM 网络。短短十年间，全世界有 162 个国家建成了 GSM 网络，用户人数超过 1 亿，市场占有率达到了 75%。得益于移动通信标准化的成功，诺基亚仅用十年时间就击败了摩托罗拉，成功占据了全球移动电话市场的 70% 以上的份额。

同时，在 2G 时代，通信产业逐渐发展为国家战略产业，通信标准也开始发挥关键作用。通信标准之争的背后是国家与国家、联盟之间的综合较量，失败的一方需要持续向对方缴纳高额专利费，并且更容易被对方掌握产业主动权。因此，从 2G 时代开始，移动通信标准化逐渐引起了各个国家和企业的重视。

（3）3G 标准

3G 以 CDMA 为核心技术，是一种支持数据高速传输的蜂窝移动通信技术。3G 将国际互联网和无线通信等技术结合起来，形成了新的移动通信系统。1985 年，美国圣迭戈的高通公司利用美国军方解禁的"码分多址"技术开发了一种被称为"CDMA"的新技术。CDMA 直接促成了 3G 的诞生，因此 3G 标准大多基于高通研发的 CDMA 技术。

3G 标准主要有美国和日韩支持的 CDMA2000、欧洲支持的 W-CDMA 以及我国提出的 TD-SCDMA。在我国，三大通信运营商分别采用了不同的 3G 标准：中国移动采用了 TD-SCDMA 标准，中国联通采用了 W-CDMA 标准，中国电信采用了 CDMA2000 标准。同时，在 3G 时代，旨在统一全球通信标准、实现全球漫游的 3GPP 组织宣告成立。2000 年 5 月，3GPP 公布了全球范围内的第三代移动通信标准，并正式宣布我国提交的 TD-SCDMA 与美国的 CDMA2000、欧洲的 W-CDMA 一起成为 3G 时代的主流移动通信标准。

（4）4G 标准

在 21 世纪初，WiFi 行业的巨大成功引起了电信业的关注。为了绕过高通 CDMA 的专利限制，3GPP 在 2008 年首次提出将 LTE 作为 3.9G 的技术标准。随后，在 2011 年又提出了将 LTE-Advanced，并将其作为 4G 标准。在 4G 时代，各大运营商为了避免再次被高通收取高额专利费，便都加入了 3GPP 的 LTE 阵营。高通公司无法复制 3G 时代的辉煌，但凭借其广泛的专利布局，即使 4G 采用的是 OFDM 技术，高通也仍可收取一定的专利费，因此高通也加入了 3GPP 的 LTE 阵营。至此，3GPP 组织逐渐发展壮大，其提出的 LTE 逐渐成为 4G 的标准，从而使 4G 基本实现了通信标准的全球化统一。其中，LTE-Advanced（从 Release 10 开始）是第一个真正的 4G 技术。LTE-Advanced Pro（Release 13）则成为由 4G 向 5G 演进的关键跳板（图 4.7）。

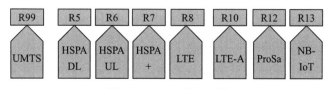

图 4.7　3GPP 版本演进

（5）5G 标准

5G 是实现人、机、物三者互联的网络基础设施，ITU 定义了 5G 的八个关键性能指标，其中最突出的三个性能指标为高速率、大连接和低时延。根据 ITU 制定的性能指标，5G 的用户体验速率可以达到 100Mbit/s，峰值速率可以达到 10Gbit/s。2017 年 2 月，3GPP 正式公布了 5G 的官方 Logo。同年 12 月 21 日，在 3GPP RAN 第 78 次全体会议上，5G NR 的首发版本正式冻结并发布。2019 年 6 月 6 日，我国工业和信息化部正式向中国电信、中国移动、中国联通和中国广电发放了 5G 的商用牌照。同年 10 月 31 日，这三大运营商启动了 5G 商用，并于 11 月 1 日正式上线 5G 商用套餐，这标志着我国正式进入 5G 时代。

1G 至 5G 标准的对比如表 4.2 所示。

表 4.2   1G 至 5G 标准的对比

通信技术	典型频段	传输速率	关键技术	技术标准	业务
1G 标准	800/900MHz	约 2.4kbit/s	FDMA，模拟调制，基于蜂窝结构的频率复用	AMPS，TACS	电路域模拟话音业务
2G 标准	800/900MHz，1800MHz	9.6 ～ 384kbit/s	TDMA/CDMA，GMSK/QPSK，漫游	GSM/GPRS/EDGE 和 CDMA	数字电话，短信
3G 标准	2GHz 为主，800/900MHz，1800MHz 为辅	125kbit/s ～ 2Mbit/s	多址技术，Rake 接收技术，RS 卷积编码	TD-CDMA（移动）、CDMA2000（电信）、W-CDMA（联通）	通话，短信，多媒体
4G 标准	450MHz ～ 3GHz	2Mbit/s ～ 1Gbit/s	OFDM、SC-FDMA、MIMO	LTE、LTE-A	全IP移动宽带数据业务
5G 标准	3300 ～ 3600MHz 或 4800 ～ 5000MHz	100Mbit/s 用户体验速率 10Gbit/s 峰值速率	毫米波、大规模 MIMO、OFDM、全双工等	NR	快速传输、高清视频、智能家居等

4.2.3 移动通信技术标准化组织

（1）全球移动通信技术标准化组织

提起移动通信技术标准化组织，就不得不提到 3GPP。如 4.2.1 和 4.2.2 节所述，3GPP 组织成立之初的目的是应对高通公司在 3G 时代的专利优势，同时为全球移动通信市场制定统一的技术标准或规范。因此，3GPP 在成立之初便着力于协调成员之间的矛盾，制定规则和契约。为此，3GPP 联合了美国、中国、欧洲、日本、韩国、印度等国家的无线电行业企业协会，通过为成员提供一个稳定的环境，制定 3GPP 的技术规范和技术报告。目前，3GPP 项目已全面覆盖移动通信技术，包括无线接入、核心网和服务能力、为移动通信提供完整的系统描述等。

　　按照成员类型的不同，3GPP 成员可分为组织合作伙伴（标准化组织）、市场代表伙伴以及个体会员三类（图 4.8）。其中，组织合作伙伴主要包括七个电信标准开发组织，即日本无线行业企业协会（ARIB）、美国电信行业解决方案联盟（ATIS）、中国通信标准化协会（CCSA）、欧洲电信标准化协会（ETSI）、印度电信标准发展协会（TSDSI）、韩国电信技术协会（TTA）以及日本电信技术委员会（TTC）。市场代表伙伴则是以 GSM 协会、UMTS 论坛、3G 美国、IPv6 论坛以及以全球移动通信供应商协会为代表的非官方标准化组织，这些机构并非官方标准化组织，而是向 3GPP 提供市场建议和统一意见的组织。个体会员是指注册加入 3GPP 的独立成员，它们拥有与组织合作伙伴相同的参与权，但必须加入某个区域的标准化组织，才能在 3GPP 中参与规范的制定。换言之，3GPP 的每个个体会员都必须隶属于七大组织成员中的任意一个。例如，中国的通信运营商和设备制造商如果要想在 3GPP 中发挥作用，就需要先加入中国通信标准化协会（CCSA）。

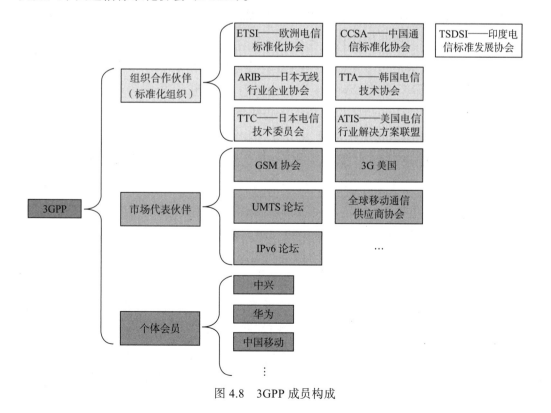

图 4.8　3GPP 成员构成

3GPP 组织流程如图 4.9 所示。

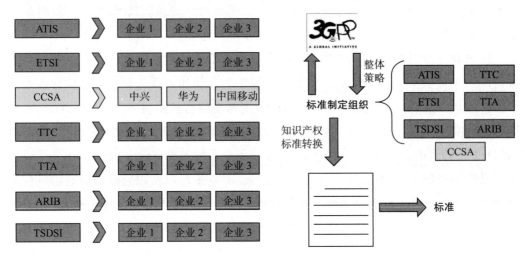

图 4.9　3GPP 组织流程

　　下面对 3GPP 的组织架构（图 4.10）进行介绍。3GPP 包含一个项目合作组（PCG，Project Cooperation Group）以及三个技术规格小组（TSG，Technical Specification Groups）。其中，PCG 主要负责 3GPP 的总体管理、时间计划、工作分配、事务协调等内容，TSG 主要负责具体的技术任务。

　　按照负责技术业务的不同，TSG 可分为三个技术规格小组，即负责无线接入网络的 TSG RAN（TSG Radio Access Networks）、负责服务和系统的 TSG SA（TSG Services and Systems Aspects）以及负责核心网与终端的 TSG CT（TSG Core Network and Terminals）。同时，每个 TSG 下又可分为多个工作组（Work Group，WG）。以负责无线接入网络的 TSG RAN 为例，其下又分为负责无线层 1 规范的 RAN WG1、负责无线层 2 和层 3 规范的 RAN WG2、负责 RAN 接口及 UTRAN（UMTS Terrestrial Radio Access Network）规范的 RAN WG3、负责无线性能与协议的 RAN WG4、负责移动终端一致性测试的 RAN WG5，以及负责无线协议的 RAN AH1。总之，3GPP 将端到端任务分解为无线接入网络、服务与系统以及核心网和终端三个规范制定组，各制定组又下辖多个工作组。TSG 的主要职能是"告诉我们要做什么"，比如规定在某段时间内需要完成哪些功能、发布哪些规范。WG 的主要职能是"怎么去做"，根据 TSG 的要求，将具体的技术需求加以实现。

　　以无线定位课题为例，如图 4.11 所示，SA 1 先进行市场调研、应用场景分析和定位需求研究，输出的协议主要面向无线定位的需求。随后，SA 2 负责核心网架构设计，RAN 1 负责基础的定位物理层算法和信令设计。其中，UE 和定位服务器（LMF）之间的信令及流程由 RAN 2 标准化，而基站和 LMF 之间的信令由 RAN 3 标准化。各个工作组之间通过联络函（LS）的形式进行技术协调。

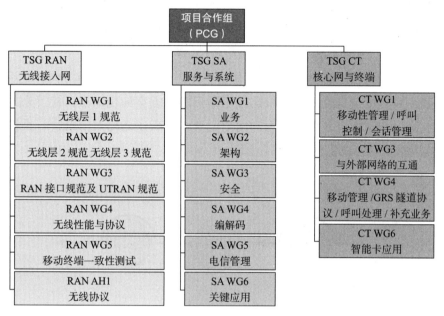

图 4.10　3GPP 组织架构

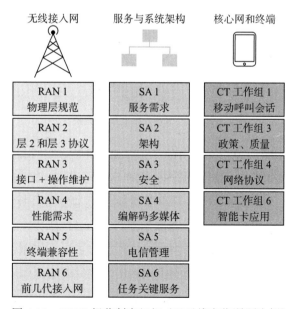

图 4.11　3GPP 规范制定组织（以无线定位课题为例）

　　3GPP 的标准制定流程整体上可分为研究项目（SI,Study Item）和工作项目（WI,Work Item）两个阶段（图 4.12）。在 SI 阶段，3GPP 工作组（WG）首先需要明确标准的需求驱动和技术驱动；之后，基于应用场景和实例，确定仿真和评估的假设；接下来，工作组需提出具体的技术方案并进行仿真评估；在完成方案候选和技术评估后，还需输出研究报告，给出技术方向的标准化建议并研究技术是否需要标准化。一旦确定研究的技术需要标准化，就进入 WI 阶段。

　　在 WI 阶段，工作组首先需要确定解决特定需求的标准化技术方向；之后提出标准化方案，并通过仿真或技术分析比较不同标准化方案的优缺点；接下来，工作组需要形成协议，例如定义用户能力和网络配置；最后还需要对协议进行维护，以支持产品实现或修正协议漏洞。

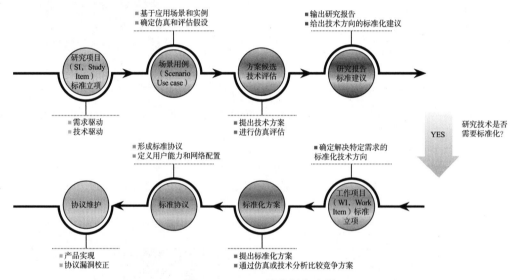

图 4.12　3GPP 标准制定流程

　　同时，3GPP 工作组（WG）输出的 TS(Technical Specification，技术规范）和 TR（Technical Report，技术报告）需要由 TSG 批准后方可实施。3GPP 版本发布（Release）流程如图 4.13 所示，每个 TS 和 TR 都有其对应的版本发布，版本发布的目的是对标准规范进行版本管理。在每个版本发布冻结之后，3GPP 都会发布相应的标准。

　　如图 4.14 所示，从 R8 到 R15，3GPP 已经发布了 8 个版本，各个版本对应的时间不同。Release 8 的对应时间为 2006 年 01 月 23 日至 2009 年 03 月 12 日；Release 9 的对应时间为 2008 年 03 月 06 日至 2010 年 03 月 25 日；Release 10 的对应时间为 2009 年 01 月 20 日至 2011 年 06 月 08 日；Release 11 的对应时间为 2010 年 01

月 22 日至 2013 年 03 月 06 日；Release 12 的对应时间为 2011 年 06 月 26 日至 2015 年 03 月 13 日；Release 13 的对应时间为 2012 年 09 月 30 日至 2016 年 03 月 11 日；Release 14 的对应时间为 2014 年 09 月 17 日至 2017 年 06 月 09 日；Release 15 的对应时间为 2016 年 06 月 17 日至 2018 年 09 月 14 日。可以看出，版本发布工作并不完全是串行的。也就是说，可能会有多个版本同时发布，因为每一个版本发布都要持续很长时间，包括早期开发、项目建议、可行性研究、技术规范等阶段。随着移动通信的不断发展，每一个版本发布都有不同的研究内容和侧重点。

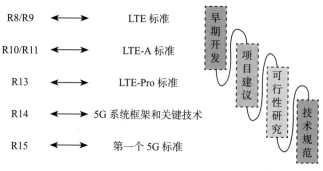

图 4.13　3GPP 版本发布流程

至于我们常说的 RAN1 #xx 会议，比如 RAN1 #86 会议，是指 3GPP 针对 RAN1 相关内容召开的会议。在会议上，许多公司和机构对提案内容进行讨论、协商、融合和妥协，最终形成一个提案。如果在一次会议上无法达成共识，那么就会接着召开下一次会议，例如如果在 RAN1 #86 会议上未能达成一致，则会继续召开 RAN1 #86bis 会议。

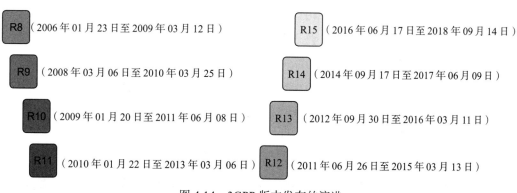

图 4.14　3GPP 版本发布的演进

3GPP 标准化工作可以分为两个阶段：技术可行性研究阶段和具体技术规范撰写

阶段，其中，前者对应 SI，后者对应 WI。SI 以研究的形式确定系统的基本框架，并进行主要的候选技术选择，以判断标准化的可行性。WI 可进一步细分为 Stage 2 和 Stage 3 两个子阶段。Stage 2 通过确认 SI 中初步讨论的系统框架，进一步完善技术细节。Stage 2 形成的规范并不能直接用于设备开发，而是对系统的总体描述，它仅作为参考规范。根据 Stage 2 形成的初步设计，进一步验证系统性能。Stage 3 则主要确定具体的流程、信令、参数等。TR 和 TS 分别是 SI 和 WI 阶段对应的产出，TR 是 3GPP 在研究阶段的文档，通常用于提供技术背景、研究结果或实施指南。TS 是经过标准化流程后正式发布的技术的规范。WI、SI 和 TR、TS 之间的关系如图 4.15 所示。

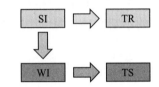

图 4.15　WI、SI 与 TR、TS 之间的关系

由于数量十分庞大，阅读全部的 3GPP 技术文稿并不现实。因此，3GPP 根据研究内容对技术文稿进行了分类，并为每个技术文稿赋予了相应的系列编号，具体如下：

1）仅适用于 LTE 且与无线相关的：36 系列规范；

2）同时涉及 LTE、NR 且与无线相关的：37 系列规范；

3）UMTS、LTE、5G NR、多连接等总体描述：TS 37.340；

4）仅适用于 NR 且与无线相关的：38 系列规范；

5）终端设备：TS38.101-1、TS38.101-2、TS38.101-3 等；

6）基站资源管理：TS38.104、TS38.113、TS38.133、TS38.141 等；

7）接入网协议：R15 TS 38.321、38.322、38.323、38.331 等；

8）5G NR 架构描述：TS 38.401；

9）下一代新服务和市场服务要求：TS 22.261 5G；

10）系统架构（Stage 2）：TS 23.501；

11）5G 系统阶段（Stage 2）：TS 23.502；

12）5G NR 总体描述：TS 38.300；

13）物理层：TS 38.201-202、TS 38.211-215 等；

以 5G 标准为例，可以对 3GPP 的标准制定流程进行大致总结（图 4.16）。首先，3GPP 的七个组织合作伙伴成员向 ITU 提交关于 5G 的各种建议，ITU 在充分研究各成员提出的建议后，制定关于 5G 的愿景和业务需求。随后，3GPP 的个体成员向 3GPP 提交关于 5G 各议题的会议文稿，3GPP 组织成员通过会议讨论，开发出相应的 5G 技术规范并送交 ITU 进行审核认证。经 ITU 审核认证后，技术规范被下发至七个组织合作伙伴成员，各成员将规范转化为所在区域的 5G 标准。

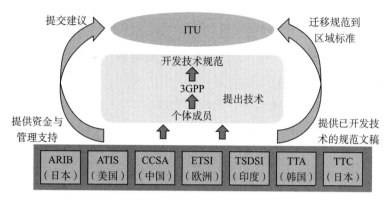

图 4.16　3GPP 5G 标准制定流程

从时间线上看，2015 年，ITU 定义了 5G 需求和三大业务场景：增强型移动宽带（eMBB）、高可靠低时延通信（uRLLC）和大规模机器通信（mMTC）。2016 年，3GPP 从 Rel-15 开始了 5G 的标准化研究。2016 年 11 月 18 日，在美国内华达州里诺结束的 3GPP RAN1#87 次会议上，中国主导推动的 Polar 码被 3GPP 采纳为 5G eMBB 控制信道标准方案，这是我国在移动通信技术研究和标准化上的重要进展，也是中国标准化力量的一次重要突破。2018 年，5G 标准的第一个版本 3GPP Release 15（以下简称"R15"）完工，为之后的 5G 发展提供了整体框架。2019 年，3GPP Release 16（以下简称"R16"）完成，这是 5G 标准的第二个版本。2020 年，ITU 采纳 3GPP 5G 标准，国际电信联盟无线通信部门国际移动通信工作组（ITU-R WP5D）工作组宣布将 3GPP 协议定义为 5G 标准。2020 年 7 月 9 日，ITU-R WP5D 第 35 次会议成功闭幕，3GPP 系标准成为唯一被 ITU 认可的 5G 标准。

（2）国内移动通信技术标准化组织

中国通信标准化协会于 2002 年 12 月 18 日在北京正式成立。CCSA 是由国内企事业单位自愿联合组织，经业务主管部门批准并在国家社团登记管理机关登记的，专门开展通信技术领域标准化活动的非营利性法人社会团体。其主要任务是更好地开展通信标准化研究工作，将通信运营企业、制造企业、研究单位、大学等关心标准化的企事业单位组织起来，把具有我国自主知识产权的标准推向世界，支撑我国通信产业的发展，为全球通信事业作出贡献。

自 CCSA 成立以来，在工业和信息化部和国家标准化管理委员会的领导下，制定了通信标准化战略、"十三五"规划、标准化体系和研究指南等大量文件。另外，CCSA 制定并发布了信息通信国家标准近 400 项、通信行业标准 4000 余项、团体标准 289 项以及研究课题 500 多项，其主要内容包括：

- 移动通信 3G、4G 和 5G 的网络、基站、业务及终端；
- 下一代网络技术（NGN）、SDN、网络功能虚拟化编排器（NFVO）等以及网络演进、协议、业务；
- 传送网、宽带接入、光通信、光纤和光缆；
- 卫星通信、数字集群、短波通信、频率分配；
- 云计算、雾计算、大数据和人工智能；
- 区块链、边缘计算。

中国通信标准化协会负责组织信息通信领域国家标准、行业标准及团体标准的制定和修订工作，承担国家标准化管理委员会和工业和信息化部信息通信领域的标准归口管理的职责。国家标准化管理委员会批准设立的全国通信标准化技术委员会（TC485）和全国通信服务标准化技术委员会（TC543）的秘书处也设在协会。

如图 4.17 所示，CCSA 设有会员代表大会、理事会和秘书处。根据技术和标准研发需求，在理事会中设立了技术管理委员会、技术工作委员会、特设任务组、特设项目组、标准推进委员会。秘书处作为协会的日常工作机构。

CCSA 负责的业务涵盖众多方面，以其中负责无线通信的 TC5 为例，TC5 包含了负责无线接入的 WG3、负责无线安全与加密的 WG5、负责前沿无线技术的 WG6、负责频率的 WG8、负责移动无线通信的 WG9、负责卫星与微波通信的 WG10、负责无线网络配套设备的 WG11、负责移动通信核心网及人工智能应用的 WG12。

IMT-2020(5G) 推进组（见图 4.18）于 2013 年 2 月由中国工业和信息化部、国家发展和改革委员会、科学技术部联合推动成立，其组织架构继承了原 IMT-Advanced 推进组。IMT-2020（5G）推进组成员包括中国主要的运营商、制造商、高校和研究机构。该推进组是汇聚中国产学研用力量，推动中国第五代移动通信技术研究并开展国际交流与合作的主要平台。

IMT-2030（6G）推进组（图 4.19）于 2019 年 6 月在中国工业和信息化部、国家发展和改革委员会、科学技术部的推动下成立。IMT-2030（6G）推进组成员包括中国主要的运营商、制造商、高校和研究机构。该推进组是汇聚中国产学研用力量、推动中国第六代移动通信技术研究并开展国际交流与合作的主要平台。

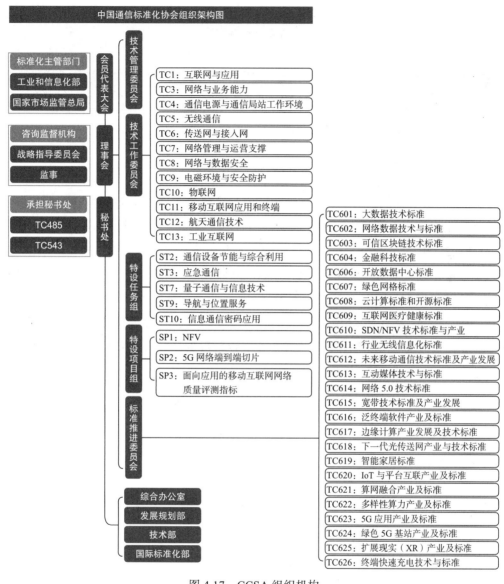

图 4.17　CCSA 组织机构

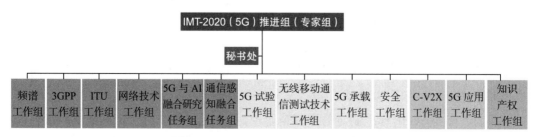

图 4.18　IMT-2020 推进组的组织架构

图 4.19   IMT-2030 推进组的组织架构

4.2.4   移动通信技术标准化中的合作与竞争

如 4.2.3 节所介绍，3GPP 目前已发展成为全球最大、最重要的移动通信行业国际性标准化组织，并在过去二十年成功地引领和主导了全球通信业的发展。在 4G 和 5G 时代，3GPP 领导着全球移动通信行业标准化的发展和演进。3GPP 标准的主要参与成员数量不多，但其产生的标准数量却在逐渐增加（见图 4.20）。在 Rel-8 至 Rel-13 期间，3GPP 有 300 多个企业成员，参与制定两项以上标准的企业分别为 37 家、46 家、37 家、45 家、38 家以及 37 家。3GPP 标准化工作在分配上基本遵循帕累托法则，即少数企业负责大部分项目工作，而大多数企业仅负责少部分项目甚至不参与标准制定。

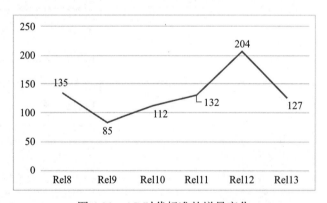

图 4.20   4G 时代标准的增量变化

在 3GPP 标准化组织中，多数标准制定主体之间属于强关系，而连接强度较弱的关系则主要出现在一些从事边缘业务的企业之间。此外，移动通信标准化的竞争在深层次上会受到民族或国家主义的影响，企业往往根据民族或国家背景聚集到各自的地域中。例如，在 Rel-12 中，主要设备制造企业华为和中兴合作了 70 余次，而爱立信和诺基亚也合作了 70 余次。

目前，参与 3GPP 标准制定的头部企业较为稳定。在 4G 时代，标准化网络合作已经发展得较为成熟，形成了以多个核心为主体的聚集网络，这个聚集网络由华为、中兴、爱立信等大型跨国企业主导。这些大型跨国企业始终能够准确地把握产业技术发展动态，也处于标准化合作的中心位置。同时，这些核心企业在整体网络中始终扮演着最重要且具有最大影响力的角色。这些核心企业之间的联系通常较为紧密，并与其他企业建立了紧密的合作关系（图 4.21）。

随着标准化的发展与演进，中心企业的数量也会不断增加。然而，争夺前期的技术制高点需要巨大的资金和技术支持，因此只有少部分高技术企业能够大规模地进行技术预研开发，为未来的通信技术铺平道路。在标准制定主体框架基本完成时，企业之间的合作逐渐加强，从而能够推动当前标准化的发展。随着合作的不断深化，更多企业在网络中的中心度逐步上升。

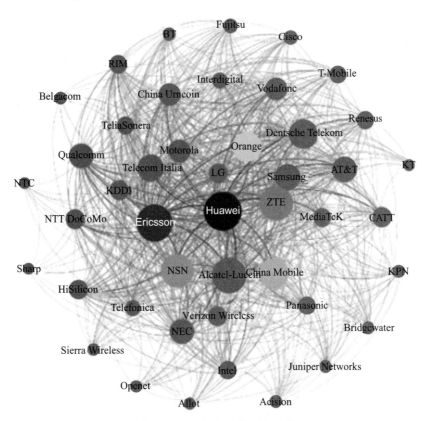

图 4.21　4G 标准协作网络结构

3GPP 标准化组织的体系已经较为成熟，形成了多个核心主体的聚集网络，其中，少数核心企业联系紧密，并掌握了标准化组织的话语权。由于移动通信标准的特殊性，因此前期开发阶段不可避免地存在激烈竞争。参与主体为实现共同目标，自发地形成联系，而合作主要集中在小规模研究集团中。随着标准框架逐步清晰和稳定，各参与方的研究逐渐趋同，技术交流增多，合作范围扩大，并呈现出分散化的形态。移动通信行业发展迅速，标准技术竞争激烈。在政府的大力支持下，我国通信企业实现了快速发展，在移动通信领域的标准必要专利、标准影响力、标准贡献度等方面的竞争力显著提升。国家和企业需要完善新一代移动通信技术标准化发展的顶层设计，为我国移动通信发展创造更优越的环境和平台。在标准专利方面，从 2G 到 5G 标准阶段，全球标准专利申请量逐步上升，其中，我国标准专利申请量的增长尤为迅速（见图 4.22）。到 4G 和 5G 时代，我国在标准专利申请中占据了重要地位，为全球移动通信产业的技术发展和演进做出了重要贡献（见图 4.23）。

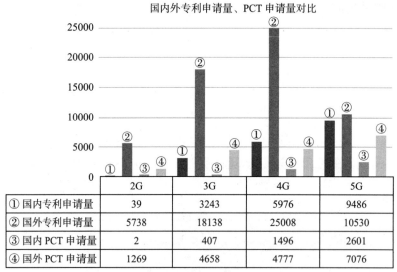

国内外专利申请量、PCT 申请量对比

	2G	3G	4G	5G
①国内专利申请量	39	3243	5976	9486
②国外专利申请量	5738	18138	25008	10530
③国内 PCT 申请量	2	407	1496	2601
④国外 PCT 申请量	1269	4658	4777	7076

①国内专利申请量　②国外专利申请量　③国内 PCT 申请量　④国外 PCT 申请量

图 4.22　国内外专利申请量与专利合作条约（PCT）申请量对比

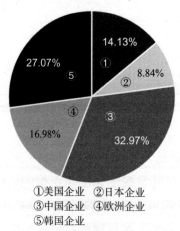

①美国企业　②日本企业
③中国企业　④欧洲企业
⑤韩国企业

图 4.23　我国标准专利申请量占比

5G 通信技术与标准化

5.1　5G 系统概述

　　5G 系统的网络架构如图 5.1 所示。无线接入部分的主要组成是终端（例如，移动电话）和无线接入网。当终端设备需要发送数据时，终端的调制编码器会对这些数据进行处理，处理后的数据通过设备的射频前端以无线电信号的形式传输。该无线电信号由基站接收，基站将数据转发到核心网。核心网可以连接到更广泛的互联网，并通过交换机将数据路由到对应的数据服务器。数据服务器接收请求，处理请求并生成反馈。反馈遵循相反的路径：从数据服务器返回到互联网，经由核心网和基站，最终到达用户的终端。终端通过解调解码器和应用处理器对反馈进行处理，供用户查看和使用。

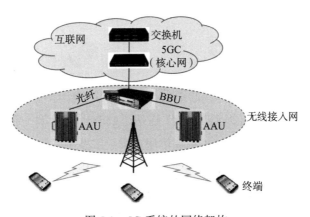

图 5.1　5G 系统的网络架构

5.1.1　系统架构与协议栈

与 LTE 类似，5G 系统架构分为 5G 接入网（NG-RAN）和 5G 核心网（5G Core Network，5GC）两部分，如图 5.2 所示。5G 核心网包括 Access and Mobility Management Function（AMF）、User Plane Function（UPF）和 Session Management Function（SMF）三个主要逻辑节点。相较于 LTE 系统的核心网，5G 核心网为了满足低时延、高流量的网络要求，对用户面的控制和转发功能进行了重构。重构后的控制面分为 AMF 和 SMF 两个逻辑节点：AMF 负责移动性管理，SMF 负责会话管理。而用户面的 UPF 则替代了 LTE 网络的服务网关（Serving Gateway）和 PDN 网关（PDN Gateway）。重构后的核心网架构中，控制面功能进一步集中化。用户面功能进一步分布化，运营商可以根据业务需求灵活地配置网络功能，以满足差异化场景对网络的不同需求。

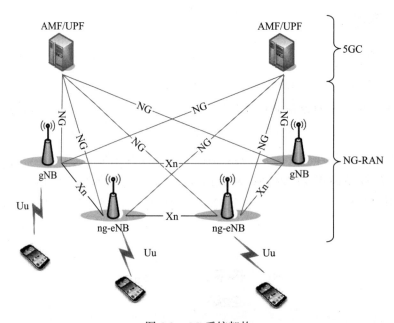

图 5.2　5G 系统架构

NG-RAN 的接入节点可以是新一代基站（gNB）或者下一代演进型基站（ng-eNB）。这两种类型的基站都可以独立提供服务。gNB 提供了终端到 NR 控制面和用户面的协议终止点。ng-eNB 提供了从终端到演进的通用陆地无线接入（E-UTRA）控制面和用户面的协议终止点。gNB 之间、ng-eNB 之间，以及 gNB 和 ng-eNB 之间均通过 Xn 接口进行连接。gNB 和 ng-eNB 通过 NG 接口与 5GC 进行连接。更确切地说，gNB 和 ng-eNB 通过 NG-C 接口与 AMF 相连，通过 NG-U 接口与 UPF 相连。Xn 接

口和 NG 接口的连接都是有线（光纤）连接。5G 接入网和核心网也进行了若干功能
划分，图 5.3 总结了 gNB/ng-eNB、AMF、UPF 和 SMF 各自承担的功能：

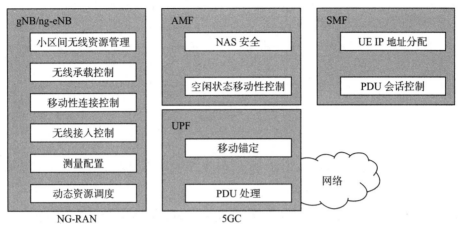

图 5.3　5G 接入网和 5GC 的功能划分

　　NR 终端设备和接入网之间通过 Uu 接口相连。Uu 接口是一种无线连接接口，也
是 3GPP 标准化的重点。与 LTE 类似，NR Uu 接口的协议栈根据数据类型可分为控
制面协议栈和用户面协议栈。如果传输的数据是信令消息，则通过控制面协议栈。
如果传输的数据是用户数据，则通过用户面协议栈。图 5.4 和图 5.5 分别为控制面协
议栈和用户面协议栈。

　　各层的主要功能如下：

- 非接入层（NAS 层）：主要负责处理终端注册、PDC 会话等相关信令流程。
  NAS 层是终端和核心网交互的部分，分为会话管理子层和移动性管理子层。
- 无线资源控制层（RRC 层）：主要负责无线资源的管理。

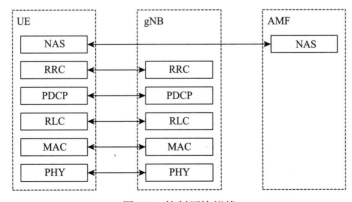

图 5.4　控制面协议栈

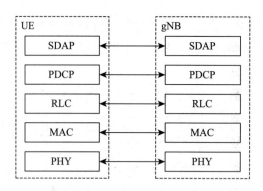

图 5.5　用户面协议栈

- 服务数据适配协议层（SDAP 层）：主要负责用户面数据处理，完成服务质量
  （QoS）流与 DRB 的映射。
- 分组数据汇聚协议层（PDCP 层）：主要负责用户面和控制面的数据传输、加
  密解密、完整性保护与校验、用户面数据头压缩等。
- 无线链路控制层（RLC 层）：主要负责用户面和控制面的数据传输、完成 ARQ
  功能等。
- 媒体接入控制层（MAC 层）：主要负责进行调度相关处理，包括空口资源分
  配、逻辑信息优先级处理、完成 ARQ 功能等。
- 物理层（PHY 层）：分为上行和下行，主要负责完成各种物理信道和物理信号
  的处理。

控制面和用户面的共同结构为 PHY <-> MAC <-> RLC <-> PDCP。但是在用户
面上，PDCP 层之上是 SDAP 层，而在控制面上，PDCP 层之上是 RRC 层和 NAS 层。

单从协议层的名称来看，相较于 LTE 协议栈，NR 用户面协议栈多出了 SDAP
层，控制面没有区别，但实际上每层的功能也发生了变化。在用户面引入 SDAP 层
主要是因为 NG 接口是基于 QoS 流控制的，而空口是基于用户面的 DRB 控制的，两
者之间需要一个适配层将 QoS 流映射到某个 DRB。NR 的 RLC 实体去掉了原来在
LTE RLC 中很重要的串联功能。这意味着一个 RLC PDU 最多包含一个 PDCP PDU。
这样做的好处是在终端侧减少了收到上行许可后的实时处理工作。同时，在 RLC 层
也取消了重排序功能。在 MAC 层，为了加快上行方向 MAC 层和物理层的处理效
率，达到"随到随走"的效果，将 MAC 层 MAC SDU 对应的 sub-header 放置在了
MAC SDU 前面，从而减少了终端在收到上行许可后需要实时处理的环节。

图 5.6 是一个数据链路层数据流的图示。从图中可以看到，MAC 层将来自 RB_x

的两个 RLC PDU 和来自 RB$_y$ 的一个 RLC PDU 连接起来。来自 RB$_x$ 的两个 RLC PDU 分别对应一个 IP 数据包（n 和 $n+1$），而来自 RB$_y$ 的 RLC PDU 则是 IP 数据包 m 的分段。

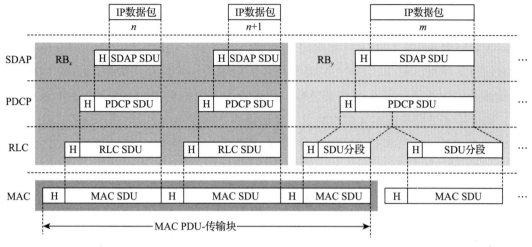

图 5.6 数据链路层数据流

最后，我们简单介绍连接基站和核心网的 NG 接口。NG 接口与 LTE 系统中的 S1 接口在形式和内容上非常相似，最大的变化是将承载管理的流程替换为 PDU 会话的管理流程。这种变化的主要原因是 NR 系统中 QoS 架构的调整，即以 QoS 流作为最小的 QoS 控制单元，它取代了 LTE 系统中的演进的无线接入承载（E-RAB）概念。NG 接口的控制面和用户面协议栈分别如图 5.7 和图 5.8 所示。

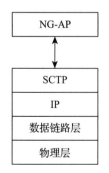

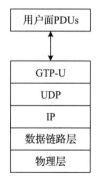

图 5.7 NG 接口控制面协议栈   图 5.8 NG 接口用户面协议栈

5.1.2 独立和非独立组网架构

在介绍独立组网（Standalone，SA）和非独立组网（Non-Standalone，NSA）架

构之前，先简单介绍一下双连接的概念。顾名思义，双连接是指终端同时与两个基站连接，并在两个基站上同时进行数据的接收和发送。通过这种方式，可以增加终端可用的系统带宽，提高用户的吞吐量。

从技术理论设计来看，将 NR 作为可以独立组网的无线通信系统无疑是最佳选择。主要原因在于这样无须考虑此前系统（如 4G 系统）的兼容性，从而摒弃旧系统固有的技术问题，使 5G 系统在功能和性能上更容易实现提升。然而，3GPP 标准规范所涉及的无线通信产业链覆盖全球，规模极为庞大。若完全推翻 4G 系统重新建设，则会带来更高的成本和更长的投入产出周期。为了加快 5G 的商用进程，除了独立组网方式外，一些运营商还提出了非独立组网的 5G 系统，即 LTE 与 NR 之间的双连接架构。LTE 与 NR 的双连接是指通过双连接（DC）方式在 PDCP 协议层实现 LTE 与 NR 的汇聚，使其与一个终端同步协同工作。这种架构得到了运营商的广泛支持。NSA 架构可以通过改造现有的 4G 网络、升级并增加部分 5G 设备，使用户在不浪费现有设备的情况下，仍能体验到 5G 的超高速性能。

由于对 5G 系统有不同需求，因此 3GPP 在最初关于网络架构研究的讨论中，提出了多种架构，其中 Option 2 为独立组网的 NR 系统，Option 3/3a/3x、Option 4/4a、Option 7/7a/7x 为 4G 和 5G 双连接架构。具体如下。

Option 2：5G 独立组网架构，终端通过 5G 基站直接连接 5G 核心网。该架构可以支持 5G 网络引入的所有新功能和新业务，是 5G 网络部署的最终形态。

Option 3/3a/3x：它的组网架构如图 5.9 所示，终端通过 4G 和 5G 基站连接到 4G 核心网。其中，4G 基站作为双连接的主基站，5G 基站作为双连接的辅基站，核心网仅与主基站建立控制信令连接，同时核心网发送给终端的 NAS 信令也只能通过主基站传递。对于用户面数据流来说，在 Option 3 中，核心网可以通过 4G 基站直接发给终端，也可以通过 4G 基站分流到 5G 基站后再发送给终端。而在 Option 3a 中，4G 核心网与 5G 基站可以直接建立用户面连接，这样核心网就可以通过 5G 基站与终端进行数据收发。Option 3x 在 Option 3/3a 的基础上进一步支持 5G 基站用户面分流机制，即 5G 基站可以作为锚点，将用户面数据分流至 4G 基站后再下发给终端。在空口上，终端主要从主基站（即 4G 基站）收发控制信令。5G 基站产生的控制信令可以直接从 5G 基站发送给终端，也可以通过 4G 基站转发给终端，但由于终端和 5G 基站之间的控制面连接为可选功能，因此在不支持时，仅能通过 4G 基站进行转发。这种双连接方式也被称为"E-UTRA 与 NR 双连接（EN-DC）"。

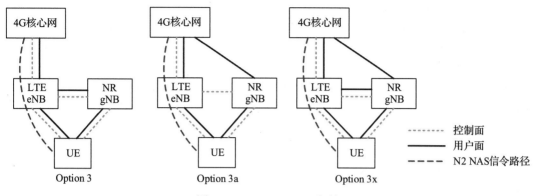

图 5.9　Option 3/3a/3x 架构

Option 4/4a：它的组网架构如图 5.10 所示，终端通过 4G 和 5G 基站连接到 5G 核心网。其中，5G 基站作为双连接的主基站，4G 基站作为双连接的辅基站，核心网仅与 5G 主基站建立控制信令连接。对于用户面数据流，在 Option 4 中，5G 核心网可以通过 5G 基站直接发送给终端，也可以通过 5G 基站分流到 4G 基站后再发送给终端。而在 Option 4a 中，5G 核心网与 4G 基站可以直接建立用户面连接并进行数据收发。与 Option 3 系列不同的是，在空口上，终端仅与 5G 基站建立控制面连接。Option 4/4a 的双连接方式也被称为 "NR 与 E-UTRA 双连接（NE-DC）"。

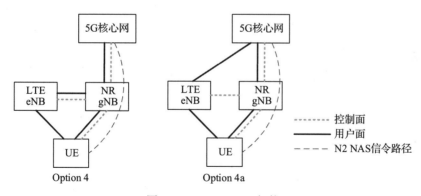

图 5.10　Option 4/4a 架构

Option 7/7a/7x：它的组网架构如图 5.11 所示，Option 7/7a/7x 与 Option 3/3a/3x 的架构相似，控制面及用户面的处理也类似，它们的主要区别在于连接的核心网从 4G 核心网演变为 5G 核心网。由于需要支持 5G 基站的新业务，因此 4G 基站也从 LTE eNB 升级为增强型长期演进（eLTE）ng-eNB。这种双连接方式也被称为 "NG-RAN 的 E-UTRA 与 NR 的双连接（NGEN-DC）"。

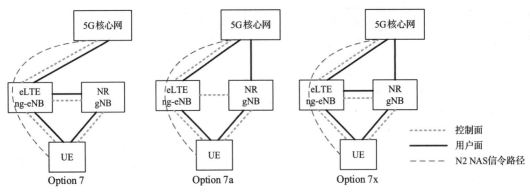

图 5.11   Option 7/7a/7x 架构

为了便于 LTE 向 NR 过渡，3GPP 在 5G 标准化时分为两个阶段：早期交付阶段（early drop）和延迟交付阶段（late drop）。其中，早期交付阶段仅选择了 Option 3 系列作为网络架构进行标准化，这样可以最大限度地利用现有的 4G 网络，其优点是网络改动小，建网速度快，投资相对较少，有利于快速地部署和抢占市场。然而，由于 EN-DC 连接到 4G 核心网，因此无法支持 5G 核心网引入的相关新功能和新业务。在延迟交付阶段中，3GPP 才对 Option 2（5G 独立组网）、Option 4 和 Option 7 系列进行了标准化。目前，在 5G 商用中，主要采用 Option 2 和 Option 3 组网架构模式，Option 4 和 Option 7 的商用可能性较低。

5.1.3   终端状态与基本流程

在 LTE 中，终端的 RRC 状态只有空闲状态（IDLE 态）和连接状态（CONNECTED 态）两个状态。当终端和网络没有建立 RRC 连接时，终端处于 IDLE 态。在 IDLE 态下，终端无法发送和接收用户数据，只能获取一些公共信息或资源（例如，广播消息和寻呼消息）。因此，当有新的数据需要发送或接收时，终端首先需要与网络建立连接。IDLE 态下的终端仅需监听广播、寻呼等消息，从而实现节能省电的目标。但在有数据需要发送或接收时，由于需要额外的时间先与网络建立连接，因此会导致较长的数据传输时延。而 CONNECTED 态则相反，CONNECTED 态下的终端始终保持与网络的 RRC 连接，因此其数据传输时延更小。但在这种状态下，即使没有数据传输，终端也需要不断地监听下行控制信道以保持与网络的联系，这会导致更高的电量消耗。即使 CONNECTED 态引入了非连续接收技术（DRX），使终端周期性地进入睡眠状态，终端仍需在某些时刻监听网络以查看是否有下行数据到达。虽然这在一定程度上达到了省电效果，但无法从根本上解决功耗问题。

为了解决上述问题，5G NR 中引入了新的 RRC 非激活（INACTIVE）状态。也就是说，NR 系统中终端支持三种 RRC 状态：IDLE、INACTIVE 和 CONNECTED 态。引入 INACTIVE 状态是为了在控制面时延与耗电之间找到一个平衡。图 5.12 展示了终端在不同状态下的时延和耗电的示意图。

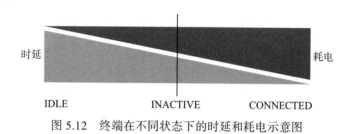

图 5.12 终端在不同状态下的时延和耗电示意图

当终端处于 RRC_CONNECTED 态时，终端与基站、基站与核心网之间均保持连接，核心网可以直接将数据包或 NAS 层的消息发送给终端。当终端处于 RRC_INACTIVE 态时，终端与基站之间的连接会断开，但基站会保留终端的上下文信息，同时基站与核心网之间的连接仍保持不变，这样在需要进行数据收发时，仅需重新建立终端与基站之间的连接，而无须重新建立与核心网的连接，这样可以降低时延。当终端处于 RRC_IDLE 态时，终端与基站、基站与核心网之间均断开连接，此时若要进行数据收发，则需要同时重新建立终端与基站、基站与核心网之间的连接，因此这种情况下的时延是最大的。

对于 IDLE 态的终端来说，由于基站侧没有终端的上下文信息，因此当下行数据到达时，核心网会通过寻呼来查找并唤醒终端。寻呼区的范围由核心网管理，最小的粒度为一个跟踪区（Tracking Area, TA）范围内的所有基站。具体而言，在终端初次接入网络并注册时，核心网会分配 TA 列表给终端。当下行数据到达时，核心网会通知 TA 列表范围内的基站发送寻呼消息以寻找终端。IDLE 态下的终端在 TA 列表范围内移动时，不需要将其行踪通知核心网。但当终端移动出 TA 列表的范围后，终端需要发起接入以进行位置更新（TA Update, TAU），从而使核心网知道终端当前所在的位置，并为终端配置新的寻呼区范围。当终端处于 INACTIVE 态时，核心网和基站之间存在连接，核心网会把数据包或者 NAS 层消息直接发送给基站。而由于空口连接已经断开，基站不知道终端移动到了哪个小区，因此基站需要寻呼终端。为此，引入了 RAN 级别的跟踪区域（RAN-based Notification Area, RNA）。RAN 级别的跟踪区由基站进行管理。具体而言，当基站释放终端进入 INACTIVE 态时，会将 RNA 的配置信息发送给终端。当基站收到核心网的下行数据时，基站会在 RNA 范围内发送寻呼消息。与 TA 相似，终端在 RNA 内移动时不需要通知网络，但当其离开所分配的 RNA 时，需要发起接入以进行位置更新（RNA Update, RNAU）。一般情况下，RNA 的范围会小于或等于 TA。图 5.13 展示了不同状态下的终端与网络的连接情况。

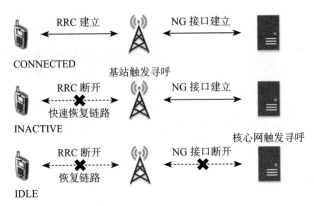

图 5.13　不同状态下终端与网络的连接

NR 系统终端的 RRC 状态是可以相互转换的，如图 5.14 所示。

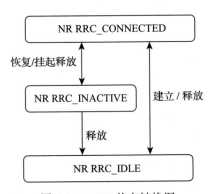

图 5.14　RRC 状态转换图

NR 系统 RRC_IDLE 态和 RRC_CONNECTED 态的转换与 LTE 系统的转换并无本质区别。而 RRC_INACTIVE 态与 RRC_CONNECTED 态的转换是 NR 系统中新引入的内容。当终端处于 RRC_CONNECTED 态时，当前服务基站通过 RRC 连接释放消息使终端从 RRC_CONNECTED 态进入 RRC_INACTIVE 态。在此过程中，基站为终端分配了一个 INACTIVE 态下的 UE 标识，即寻呼无线网络临时标识符（I-RNTI）。在收到释放消息后，终端会挂起所有的信令承载（Signalling Radio Bearer，SRB）和数据承载（Data Radio Bearer，DRB），保留无线配置参数，并释放预留的无线资源。

当终端需要恢复 RRC 连接时，会通过 RRC 连接恢复过程来重新建立 SRB 和 DRB。如果当前的服务基站不是该终端进入 RRC_INACTIVE 态时的最后一个服务基站，那么当前的服务基站会根据分配的 I-RNTI 中的标识信息来查找最后一个服务基站，并将包含 I-RNTI 的上下文请求信息发送给该基站。最后一个服务基站会根据 I-RNTI 找到存储该终端的上下文，并将其反馈给当前服务基站。当前服务基站根据获取的终端上下文执行后续操作。在完成 RRC 连接恢复过程后，当前服务基站需要进行路径切换，并将连接核心网的 NG 接口从最后一个服务基站切换到自身。如果当前服务基站无法根据 I-RNTI 正确地获取该终端的上下文，则该基站可以根据需要重新建立 RRC 连接，或者让终端进入 RRC_IDLE 态。在实际应用中，基站侧可以根据终端的业务特性决定是否将终端迁移至 RRC_IDLE 态或 RRC_INACTIVE 态。

下面我们将简单地描述终端开机后的基本流程，如图 5.15 所示。

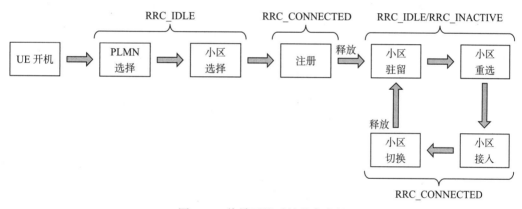

图 5.15　终端开机后的基本流程

当一个终端开机后，会首先进行公共陆地移动网络（PLMN）选择，即运营商的选择。在选定 PLMN 后，终端会搜索该 PLMN 下的小区，并进行小区选择。一旦小区选择成功，终端就会在所选小区发起接入过程，并进行核心网注册。在这一过程中，终端会进入 RRC_CONNECTED 态。注册过程结束后，如果终端没有上下行业务数据传输，那么网络侧可以释放终端进入 RRC_IDLE 或 RRC INACTIVE 态。处于 RRC_IDLE 或 RRC_INACTIVE 态的终端会驻留在小区中，并持续地监听小区的广播和寻呼消息。同时，终端会周期性地测量同频相邻小区或其他频点的邻区，以判断是否触发小区重选。若终端有上行数据需要发送或是收到寻呼消息，则会发起接入过程，再次进入 RRC_CONNECTED 态。处于 RRC_CONNECTED 态的终端也需要进行邻区测量，以辅助网络侧触发跨区切换，从而保证业务的连续性。

图 5.16 展示了终端网络注册的流程。这里的注册是指 NAS 发起注册鉴权的过程。然而，对于基站而言，NAS 流程是透明的。NAS 消息以封装在 NAS PDU 中的形式，通过 RRC 消息传递给基站，再由基站转发至核心网 AMF。由于基站无法解析 NAS 消息的具体内容，因此从基站的视角来看，这只是普通的接入流程。LTE 和 NR 在注册流程设计上基本相似，仅在消息的名称和内容上存在一些差异。

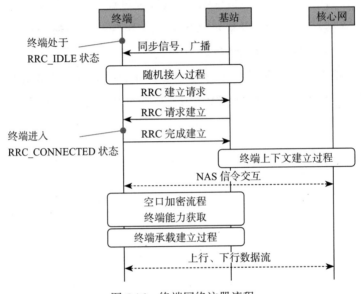

图 5.16　终端网络注册流程

对于具体的接入流程，终端首先需要进行下行同步，并根据小区的广播消息获取随机接入参数后，发起随机接入过程，这一过程的目的是进行上行同步。请求建立消息中会携带 UE ID 以及连接建立原因。其中，UE ID 用于竞争解决，而连接建立原因用于辅助基站进行准入判断。基站收到请求消息后，会向终端发送 RRC 建立（Setup）消息，提供 UE 级别的关键专有配置，例如物理下行控制信道（PDCCH）、调度请求（SR）等，并建立 SRB1。但由于此时的基站还没有获取终端能力，因此与终端能力相关的功能尚不能启动。在 SRB1 建立后，终端进入 RRC_CONNECTED 态。此时，终端已经与基站建立了连接，但尚未与核心网建立连接。随后，终端会发送 RRC 建立完成（Setup Complete）消息通知基站 SRB1 已经建立成功且会携带 NAS 信令，而消息中携带的 PLMN ID 等信息可以帮助基站进行 AMF 选择。基站将携带的 NAS 消息发送给选择的 AMF。AMF 收到请求消息后，会根据终端的身份识别信息，判断是否允许终端进行注册。如果允许，那么核心网会经由基站发送注册允许消息给终端。随后，基站会发送接入层（AS 层）加密和完整性保护算法给终端，终端在确认对应的算法可用后进行回复。从此开始，所有的消息都经过了加密和完整性保护。此外，基站也会重新配置终端，使其建立 SRB2 和其他的 DRB。此时，网络和终端即可进行数据传输。需要注意的是，并不是所有的接入流程都会建立 DRB，例如，单纯的跟踪区更新。如果是由于其他原因发起接入，那么其接入流程与图 5.16 基本相似，仅 NAS 层交互的信令不同。

对于小区切换流程，其目的是保证终端在移动过程中的业务连续性，但在实际网络中，触发切换的场景可能多种多样。其中可能包括：

- 基于覆盖的切换：顾名思义，是由于终端的移动性引起的跨小区切换。该切换主要发生在相邻小区的交界处，旨在确保终端始终连接到信号更好的小区中，从而保障业务的连续性。

- 基于业务的切换：对于频谱资源丰富的区域，运营商可能规划某些频率来专门服务于特定的业务，例如，使用覆盖较好的低频小区提供语音业务。当终端触发特定业务的建立时，网络侧可以根据部署将终端切换到指定目标频点的小区。

- 基于小区负载的切换：当小区中接入的用户过多时，干扰会增加，同时由于资源受限，因此终端的体验也会下降。当小区负载过重时，网络可以将终端切换到其他低负载的小区，以实现负载均衡的目的。

但无论是哪种原因触发的切换，其信令流程是相似的。传统的 NR 终端跨区切换流程与 LTE 跨区切换流程类似，如图 5.17 所示。

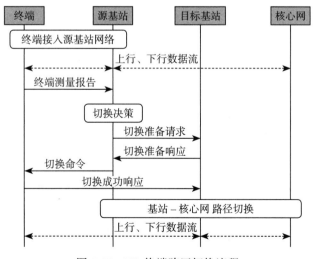

图 5.17　NR 终端跨区切换流程

通常情况下，切换流程是基于终端上报的测量报告触发的。终端根据网络的配置对服务小区和邻小区进行测量，并判断是否会触发测量上报。触发方式是多种多样的，包括周期性上报和事件触发上报等。一般情况下，NR 系统内切换场景的测量上报是由事件 A3 或事件 A5 触发的。简单来说，事件 A3 表示邻小区质量比服务小区质量高于一定门限。事件 A5 表示服务小区差于门限 1 且同时邻小区好于门限 2。当满足触发条件后，终端将测量报告发送给源基站。源基站根据测量报告判断该终端是否需要切换以及待切换目标基站和小区。源基站向目标基站发送切换请求消息，该消息包含目标小区标识、源基站中终端的配置信息、终端能力等内容。目标基站可以根据收到的信息执行准入控制。如果允许接入，那么目标基站会为终端分配对应的资源，并将配置信息通过切换成功响应消息发送给源基站。源基站收到后会发送切换命令给终端。终端收到切换命令后，会断开与源小区的连接，并尝试接入目标基站。接入成功后，终端会向目标基站发送切换成功响应。若切换准备过程通过 Xn 接口进行，则目标基站向核心网发送路径切换请求，触发核心网与目标基站建立连接。完成路径切换后，源基站会释放该终端的上下文，至此，切换流程结束。

在 5G 标准中，除了上述基础的跨区切换流程外，它还进一步支持多种切换增强技术，如为提高切换鲁棒性的基于条件的切换（Conditional Handover，CHO）、为实现切换 0ms 时延的双激活协议栈切换（Dual Active Protocol Stack，DAPS）以及为降低时延的层 1 层 2 触发的移动性（Layer1/Layer2 Triggered Mobility，LTM）。

5.2　5G 接入网的关键技术及演进

随着移动互联网的不断发展，新的应用和服务层出不穷。为了满足这些需求，5G 接入网需要支持更大的数据流量以及更优的用户体验，例如流畅观看高清视频；需要支持极低的时延和极高的可靠性，例如交通安全、自动控制和工厂自动化等；需要支持大量终端的服务，例如远程传感器、机械手和设备检测。这类服务的关键需求包括极低的终端造价、极低的终端能耗以及超长的终端电池使用寿命。一般而言，它们传输的数据量相对较少。这些需求对 5G 系统的性能提出了更高的要求。

图 5.18 是 ITU《IMT 愿景——2020 年及之后 IMT 未来发展的框架和总体目标》建议书中提出的 IMT-2020（5G）与 IMT-Advanced（4G）关键能力对比。可以看出，5G 的关键性能全面优于 4G，比如，用户体验数据速率是 4G 的十倍、支持高达 500km/h 的移动速度、具备毫秒级时延以及超大连接量。为了满足这些性能要求，5G 引入了

多项新技术。在本章节中，我们将重点介绍 5G 新引入的集中单元 – 分布单元（CU-DU）分离、带宽自适应、波束管理以及 QoS 管理。

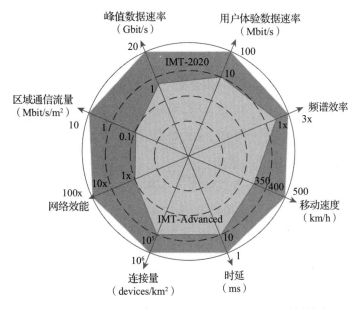

图 5.18　IMT-2020（5G）与 IMT-Advanced（4G）的关键能力对比

5.2.1　CU 和 DU 分离

在 4G 时代，基站通常被分为三个模块：基带处理单元（Baseband Unit, BBU）、射频处理单元（Radio Remote Unit, RRU）和天馈系统。其中，BBU 和 RRU 通过数字化的通用公共无线接口（CPRI 接口）连接，而 RRU 与天馈系统则一起放置在室外。CPRI 接口传输的是超采样的基带信号，其传输带宽往往是实际通信带宽的几十倍。在 NR 中，由于通信带宽的大幅度提升，因此 BBU 与 RRU 之间的传输成了工程瓶颈。同时，4G 基站之间构成了一个全网状网络，可以直接进行信息交互。这种方式能够降低传输时延并提高部署的灵活性，但同时也导致了基站间的信息交互效率低下。随着基站数量的增加，每个基站都需要独立与周围的基站建立连接并交换信息，其连接数将呈指数级增长，从而使 4G 基站间的协同变得困难。为了解决上述问题，在 5G 时代，对基站的各项功能进行了重构：首先将原先 BBU 的一部分物理层处理功能下沉到 RRU，并使 RRU 与天线结合成为有源天线单元（AAU）。然后将 BBU 拆分为 CU 和 DU，同时将部分从核心网下沉的功能融合到 CU 中，使其作为集中管理节点，如图 5.19 所示。

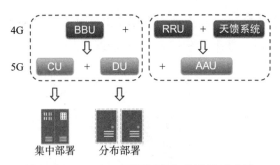

图 5.19　4G 至 5G 无线网络架构演进示意图

CU-DU 分离的架构还可以带来以下优势：

（1）适应网络切片和云化的需求

网络切片是 5G 网络的一个重要特性，能够支持不同业务场景的定制化服务。实现无线接入的切片和云化需要虚拟化技术，但专用硬件难以直接实现虚拟化。通过将 CU 和 DU 分离，使专用硬件部分成为 AAU 和 DU，非实时部分作为 CU 运行在通用服务器上，从而支持网络切片和云化。

（2）实现基带资源共享

在传统网络中，每个基站都配置为最大容量，但实际使用中往往达不到这一容量，这会导致资源浪费。通过将 DU 集中部署并由 CU 统一调度，可以节省基带资源。例如，学校的教学楼和宿舍的基站，由于话务量不同，因此可以统一管理，从而节省资源。

（3）便于网络资源的灵活配置与部署，从而降低成本

CU 的虚拟化使网络资源能够更加灵活地配置和部署，从而降低运营成本。同时，CU 可以与移动边缘计算（MEC）共同部署于相应的汇聚机房。CU 结合 MEC 实现边缘应用能力，这有助于无线网切片技术的实现以及业务的快速创新和上线。

那么，CU 和 DU 应如何进行分离呢？在 3GPP 的多次会议中，总共提出了 8 种方案，如图 5.20 所示。

CU 和 DU 的功能按照不同协议层的实时性要求进行划分。一般来说，CU 和 DU 之间分割的位置越靠近物理层，所需的时延越短、带宽要求越高。如果在低层进行分割，那么 DU 之间可以通过协调获得信号处理的增益，但这对传输和时延的要求较为严格。此外，物理层性能主要取决于算法的优劣。不同厂商采用不同的物理层算法，这使得在物理层算法上实现厂商间的对接难度较大，尤其是在商业和技术方面。如果在高层进行分离，那么可以降低对传输带宽和传输时延的要求。最终，3GPP 标准化了 Option 2，即将 PDCP、RRC 作为 CU，将 RLC、MAC、PHY 作为 DU。

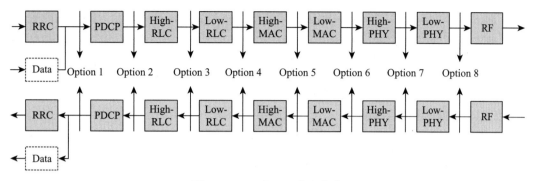

图 5.20　CU 和 DU 分离方案

一般而言，一个 CU 下可以连接多个 DU，但一个 DU 只能连接一个 CU。CU 与 DU 之间通过 F1 接口连接。F1 接口对其他网络节点是不可见的。F1 接口控制面的主要功能包括：F1 接口管理功能，如接口建立、配置更新、复位、错误指示以及资源协调；UE 上下文管理功能，如在 gNB-DU 中建立、修改或删除 UE 上下文；在 CU 和 DU 之间传递 RRC 消息，如为 gNB-DU 提供寻呼消息以进行寻呼以及警告信息传递。F1 用户面应用层协议类似于 Xn-U 接口，支持上下行用户数据的传输和流量控制。

5.2.2　带宽自适应

带宽自适应技术，简单来说，就是将一个宽带的载波切割成若干部分带宽（Bandwidth Part, BWP），每个 BWP 包含一段连续的物理资源块，这是 5G 通信系统中的一项关键技术。在 5G 网络中，频谱资源有限，而业务需求多样化，这要求网络能够灵活地管理和分配这些频谱资源，以最大化地满足各种业务需求。带宽自适应的引入正是为了解决这一问题，通过优化频谱资源的使用，提升网络整体性能和用户体验。具体来说，BWP 允许运营商根据网络的实际状况和业务需求，为终端配置多个 BWP。每个 BWP 都有独立的配置参数，包括频率位置、带宽大小、调制编码方式等，以适应不同的业务场景。例如，对于需要高带宽、低延迟的业务（如高清视频传输、在线游戏等），可以配置一个较宽的 BWP，以提供足够的带宽资源。而对于带宽要求不高的业务（如文本消息传输或语音通信），可以配置一个较窄的 BWP，以节省频谱资源。除了能够满足多样化的业务需求并节省频谱资源外，BWP 还可以带来以下增益：

（1）支持低成本终端开发

NR 的频点分为两部分：FR1 和 FR2。FR1 的最大带宽可达 100MHz，FR2 的最大带宽可达 400MHz。如果要求所有终端都支持最大带宽，这无疑会对终端性能提出较高要求，不利于降低终端成本。引入带宽自适应技术后，终端只需满足最低带宽或与其业务需求相对应的带宽要求，无须支持最大带宽。这降低了终端的复杂性和成本，加速了 5G 终端的普及与应用。

（2）增强网络灵活性

BWP 的引入增强了网络的灵活性。运营商可以根据需要配置不同大小和位置的 BWP，以适应多样化的网络环境和业务需求。此外，还支持多 BWP 配置，即允许在同一小区内使用多个 BWP，以满足不同的服务或用户组需求。

（3）优化网络性能

BWP 与 5G 中的网络切片、载波聚合等技术密切相关。通过动态调整 BWP 的配置和使用，可优化网络性能，并提高无线通信系统的整体效率和适应性。

　　每个终端在每个方向上最多可以配置 4 个大小不同的 BWP，其中包括初始 BWP（initial BWP）、默认 BWP（default BWP）和专用 BWP（dedicated BWP）。在同一时间内，仅有 1 个下行和 1 个上行 BWP 处于激活状态，终端不应在 BWP 之外接收或发送数据。图 5.21 描述了终端配置了 3 个 BWP 的场景。这 3 个 BWP 的基本配置为 BWP1：带宽 40 MHz，SCS 15 kHz；BWP2：带宽 10MHz，SCS 为 15kHz；BWP3：带宽 20 MHz，SCS 60 kHz。

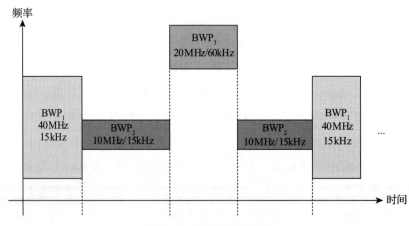

图 5.21　部分带宽示例

　　如果终端的业务量较大，那么需要大带宽，此时网络可以激活 BWP1。在第二阶段，终端的业务量较小，使用小带宽即可，网络可以激活 BWP2。在第三阶段，如果系统发现 BWP2 所在带宽内存在较大干扰，或者 BWP2 所在带宽内资源相对紧缺，那么网络可以激活终端的 BWP3。

对 BWP 的操作可以通过静态切换、动态切换、定时切换和按需切换来实现。静态切换是通过 RRC 信令进行 BWP 切换，这种切换方式的速度较慢。动态切换是通过在 PDCCH 信道上发送下行控制信息（DCI）指令进行 BWP 切换，这种方式切换速度快、时延短。定时切换是在配置的 BWP 不活跃定时器（bwp-InactivityTimer）超时后，自动回落到默认 BWP。bwp-InactivityTimer 通过 RRC 信令发送给终端。按需切换是指在当前激活的上行链路部分带宽（UL BWP）上没有配置物理随机接入信道（PRACH）信息，而终端需要发起随机接入过程时，终端会切换到包含 PRACH 配置信息的初始 BWP 上。

5.2.3　波束管理

随着低频资源变得稀缺，毫米波波段可以提供更大的带宽，成为移动通信系统未来应用的主要频段。根据电磁波的特性，当我们使用中低频时，可以向所有方向或相对较宽的角度传输信号。然而，当我们使用高频时，由于其与低频频段具有不同的传播特性，例如更高的传播损耗、较差的反射和衍射性能等，同时高频下天线间距较小，因此通常采用更大规模的天线阵列，并通过波束方式发送信号。

当我们在不使用大规模天线阵列的中低频传输信号时，单次传输可以同时覆盖该小区内的所有终端。但当辐射形成波束形状时，单次传输难以覆盖整个小区内的所有终端，一个波束只能覆盖该小区内位于该波束范围内的部分终端。

当基站和终端尚未建立连接（基站无法确定终端的位置）时，基站如何确保波束能够覆盖整个小区内的所有终端？可以考虑以下两种选项：

- 选项 1：基站同时向所有方向发射波束；
- 选项 2：基站每次只向一个方向发射波束，再依次扫描多个方向，直到覆盖所有区域。

选项 1 要求基站在同一时刻同时发送多个赋形波束，这对基站的硬件要求较高。另外，基站同时发送波束对能量的消耗也较大。因此，最终选择了选项 2。为了实现整个小区的信号覆盖，采用时域内多个波束联合扫描的传输方式，即在一个时间段内，通过轮询的方式，每个波束依次接力覆盖小区中的不同区域，从而实现小区的完整覆盖。具体来说，基站会以一定的间隔（例如 20ms）发送多个同步信号，每个同步信号通过 SSB 索引来识别，并通过特定方向的波束进行传输。终端测量其检测到的每个同步信号在一定周期内的信号强度，并从测量结果中识别出信号强度最强的 SSB 索引，这个波束即为终端的最佳波束。终端会选择该波束进行驻留。之后，在随机接入过程中，当终端发起前导码（preamble）时，基站可以通过终端选择的 preamble 确定其所选择的 SSB，进而确定终端驻留的 SSB。随后，基站在终端所选 SSB 的方向上返回响应信号，这就是基于波束的初始管理过程。

在终端和基站建立连接后，当基站与终端的发送和接收波束对齐时，可以获得最大的链路增益。在下行方向，NR 支持使用 SSB 或信道状态信息参考信号（CSI-RS）进行波束训练。在上行方向，NR 使用 SRS 进行波束训练。NR 中支持三种波束管理过程：

- 联合收发波束测量：基站进行发射波束扫描，终端进行接收波束扫描，如图 5.22a 所示。
- 发送波束测量：仅进行基站的发射波束扫描，如图 5.22b 所示。
- 接收波束测量：仅进行终端的接收波束扫描，如图 5.22c 所示。

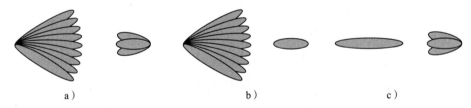

图 5.22　连接状态下的波束管理过程示意图

NR 工作在中高频段进行测量时，一个小区下包括多个波束区域，NR 系统设计了基于波束的测量模型。终端测量小区的一个或多个波束，并对高于门限的测量结果（功率值）进行平均，以得出小区质量。RRC 层控制测量目标和上报方式的配置。CONNECTED 态下，终端的移动性由网络控制，可以分为小区级移动性和波束级移动性。小区级移动性即切换过程，需要通过 RRC 信令或 MAC CE 通知终端。波束级移动性即网络调整终端的波束，波束变化无须通过 RRC 信令通知终端，一般使用 MAC CE 或 PHY 信令通知终端。

5.2.4　服务质量管理

为了给不同业务提供不同的服务质量，无线网络使用了 QoS 管理。QoS 管理是无线网络为了满足不同业务质量要求的控制机制，它是一个端到端的过程，需要业务从发起者到响应者之间所经过的网络各节点共同协作，以保障服务质量。

在 LTE 中，QoS 的最小粒度是 DRB，演进分组系统（EPS）承载和 DRB 一一对应。这种方法较为粗糙，无法精确识别需要保障的数据，同时承载建立的信令开销

较大，速度较慢，难以跟踪 TCP 会话的变化。而在 NR 系统中，QoS 流是一个 PDU
会话中 QoS 区分的最细粒度。通过为每个 QoS 流配置独立的 QoS 参数，5G 网络能
够精确地控制每个业务流的传输优先级、带宽分配、丢包率等，从而满足不同业务
对 QoS 的多样化需求。这种基于流的 QoS 架构更加精确，可以最大化地提升资源利
用率。同时，通过精细化的 QoS 管理，5G 网络能够确保关键业务或重要应用获得充
足的网络资源，从而提升网络性能和用户体验。在时延管理方面，NR 的 QoS 架构
可提供比 4G 更短的时延保证。在 QoS 管理上，NR 支持自动地完成 QoS 配置，并
能够支持更为灵活的 QoS 设置。此外，5G 的 QoS 流还支持切片、云化、物联网等
多种应用场景。因此，与 4G 相比，5G QoS 架构更加灵活，更能匹配 5G 业务灵活
多变的需求。

　　NR 系统的 QoS 架构如图 5.23 所示，5GC 可以建立一个或多个 PDU 会话。一个
PDU 会话对应多个 DRB，一个 DRB 对应多个 QoS 流。QoS 流由 QoS 流标识（QFI），
QFI 在一个 PDU 会话内是唯一的。PDU 会话中具有相同 QFI 的用户面数据会获得相
同的转发处理（如调度、准入阈值）。QFI 可用于所有 PDU 会话类型。

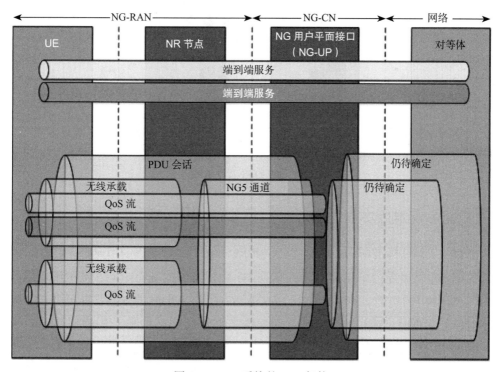

图 5.23　NR 系统的 QoS 架构

5G QoS 模型支持保证比特速率（GBR）类 QoS 流和非保证比特速率（Non-GBR）类 QoS 流。GBR QoS 流适用于对实时性要求较高的业务，需要调度器来保证最低传输比特速率，同时还需要一个最高速率限制，以定义在 RB 资源充足的条件下所能达到的速率上限。Non-GBR 类承载适用于对实时性要求不高的业务，不需要调度器对该类承载保证最低比特速率。在网络拥塞的情况下，业务需要承受速率降低的可能。一条 PDU 会话内要求有一条关联默认 QoS 规则的 QoS 流，在 PDU 的整个生命周期内，这个默认 QoS 流保持存在，且此默认 QoS 流必须是 Non-GBR QoS 流。SMF 从通用匹配滤波器（UMF）检索用户的默认 5G 服务质量标识符（5QI）和 QFI，并可根据本地策略以及与策略控制功能（PCF）的交互对其进行修改。

对于 QoS 管理流程，如图 5.24 所示，Application Functions（AF）提供业务 QoS 参数要求，统一数据管理（UDM）存储用户的 QoS 信息。PCF 根据 AF 的要求和用户的 QoS 信息动态生成 QoS 规则，并下发给 SMF。SMF 将生成的 QoS 规则下发至 UPF，并通过 AMF 将 QoS 信息分别下发至 RAN 和终端。UPF、RAN 和终端根据 QoS 信息实现 QoS 保障。

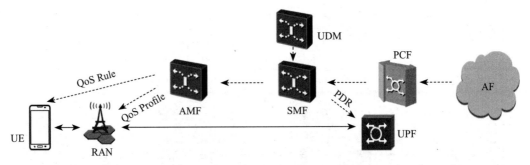

图 5.24　QoS 管理流程

5.2.5　5G 标准版本演进

2018 年，5G 标准的第一个版本 3GPP Release 15（以下简称"R15"）完成冻结，为之后的 5G 发展提供了整体框架，它是 5G 后续演进的基石。R15 侧重于增强移动宽带（eMBB）的提升，同时引入了对 Sub-7GHz 和毫米波的支持。此外，R15 还加入了对超可靠低时延通信（URLLC）的支持，成为 5G NR 的技术基础。

2019 年，3GPP Release 16（以下简称"R16"）完成冻结，它是 5G 标准的第二个版本。相较于 R15，R16 加入了对免许可频谱（NR-U）的支持，也就是说，在国家分配给运营商的许可频谱外，免许可频谱也可以支持 5G 的应用。同时，R16 首次引入了 New Radio Vehicle-to-Everything（NR V2X）、5G 广播等，拓展了 5G 在行业垂直领域的应用。

2022 年 3 月下旬,5G 标准的第三个版本，即 3GPP Release 17（以下简称 "R17"），完成了第三阶段的功能性冻结和系统性设计。R17 为 5G 的多项系统技术带来了更多的增强特性。首先是进一步增强 5G 的大规模 MIMO 性能，包括增强的多发射和接收点（TRP）部署和多波束运行，以及在探测参考信号（SRS）触发或切换、信道状态信息（CSI）测量等方面的改进；其次是有效提升了 5G 上行覆盖范围，R17 为上行控制和数据信道设计引入了多个增强特性，例如增加重传次数以提升可靠性、跨多段传输和跳频的联合信道估计等；最后，R17 还扩展了 5G 的 NR 设计，将毫米波频段扩展到 71GHz，并支持 60GHz 免许可频段。总之，R17 从容量、覆盖、时延、能效和移动性这五个方面推动了 5G 技术的发展。5G 版本演进如图 5.25 所示。

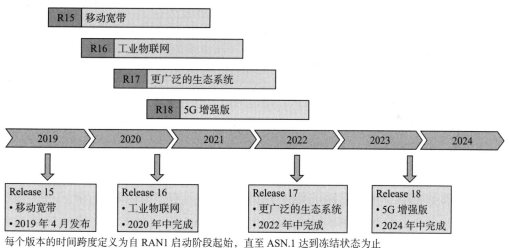

每个版本的时间跨度定义为自 RAN1 启动阶段起始，直至 ASN.1 达到冻结状态为止

图 5.25　5G 版本演进

5.3　5G 核心网技术及标准化

5G 的目标是除了实现人与人之间的通信，还需支持人与物、物与物之间的通信。运营商希望通过相同的网络架构覆盖 eMBB、URLLC、mMTC 三大场景。而传统的 4G 核心网架构仅面向人与人之间的 eMBB 业务，已无法满足需求。此外，传统的 4G 网络架构中的网元功能复杂，与物理设备耦合性高，不利于运营商开展新业务。运营商希望采用虚拟化和软件定义网络技术来定义新的网络架构，以加快新业

务部署并降低运营成本。5GC 的架构设计直接或间接地遵循了以下原则：

1）基于服务的架构提供模块化的网络服务；

2）3GPP 和非 3GPP 接入网的一致性用户体验；

3）标识、鉴权、QoS、策略和计费模式的协调统一；

4）适配原生云和大规模 Web 技术；

5）对边缘计算的游牧、固定接入来说，计算能力应尽量靠近无线终端收集传感器数据的地方，从而减少公有云上应用所引入的时延；

6）改善服务质量，并在更广泛的地理区域内确保服务质量；

7）机器间的通信服务降低终端（如自动驾驶汽车、组装机器人）的连接时延。

5GC 的系统架构可以通过两种方式进行可视化描述：基于服务的系统架构（如图 5.26）和基于参考点的系统架构（见图 5.27）。与以往的 3GPP 架构相比，5GC 的主要区别在于其网络功能之间采用基于服务的交互。这意味着每个网络功能为网络中的其他网络功能提供一项或多项服务。值得注意的是，这种架构仅适用于信令，不适用于用户数据的传输。当两个网络功能通过 3GPP 服务化架构进行通信时，发送网络请求的网络功能扮演服务使用者的角色，而提供服务并基于请求触发某些动作的网络功能扮演服务提供者的角色。在完成请求的操作后，服务提供者会向服务使用者发送回复。其中，服务使用者可以通过网络存储功能（NRF）寻找并联系到能够提供所请求服务的服务提供者。NRF 可以跟踪网络中所有网络功能的所有可用服务。除 NRF 外，5GC 还包括以下网络功能：

1）AMF 通过 N2 和 N1 接口上的信令分别与无线接入网和终端交互。它负责5GC 中大多数的信令呼叫流程，支持与终端之间的加密信令传输，从而实现终端在网络中的注册、鉴权以及在不同小区间的移动。AMF 还支持转发终端与 SMF 之间所有与会话管理相关的信令，并向认证服务器功能（AUSF）请求终端的鉴权。

2）SMF 主要用于管理终端会话，包括单个会话的建立、修改、释放以及每个会话的 IP 地址分配。SMF 通过 AMF 转发与会话相关的信令，间接地实现终端与 SMF 的会话。SMF 还可以通过网络中的 N4 接口选择和控制不同的 UPF 网络功能。SMF 对 UPF 的控制包括提供参数以引导各会话的流量，并执行相应的流量策略。同时，SMF 还可以与 PCF 功能交互，为用户会话提供策略控制。

3）UPF 主要用于处理和转发用户数据，其主要功能由 SMF 控制。UPF 与外部 IP 网络相连接，并充当终端面向外部网络的稳定 IP 锚点，从而隐藏其移动性。UPF 能够对转发的数据进行处理，并为 SMF 生成流量使用情况的报告。当终端处于空闲状态且无法被网络立即连通时，UPF 可以缓存该终端的数据，并触发对终端的寻呼，使终端进入连接态并接收数据。

4）UDM 作为存储在统一数据存储库（UDR）中的签约数据的前端，生成鉴权数据以验证终端身份，还可根据订阅数据对特定用户的访问进行授权。

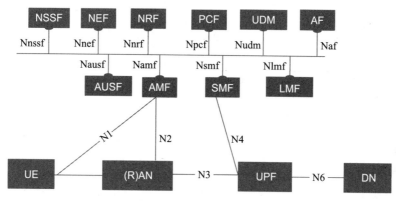

图 5.26　基于服务的架构

基于参考点的网络架构表明网络功能之间如何通过传统的点对点接口进行交互。描绘这些接口有助于说明哪些网络功能可以使用其他网络功能的服务。即使理论上所有网络功能之间可以全互联，但实际的呼叫流程决定了哪些组合是可行的，这些组合被显示为逻辑接口，即参考点。

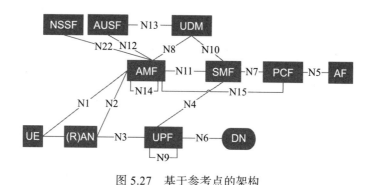

图 5.27　基于参考点的架构

5.4　5G NR 系列规范

NR 的规范可以分为射频系列规范、物理层协议规范、空口高层协议规范和接口协议规范等。表 5.1～表 5.4 对部分协议规范进行了简要说明。

表 5.1　部分射频相关系列规范

协议号	协议名称	协议内容
TS 38.101-1	NR; User Equipment (UE) radio transmission and reception; Part 1: Range 1 Standalone	主要定义了 FR1 工作频段的 NR 终端设备的最低射频要求
TS 38.101-2	NR; User Equipment (UE) radio transmission and reception; Part 2: Range 2 Standalone	主要定义了 FR2 工作频段的 NR 终端设备的最低射频要求
TS 38.101-3	NR; User Equipment (UE) radio transmission and reception; Part 3: Range 1 and Range 2 Interworking operation with other radios	主要定义了跨无线电技术工作的 NR 终端设备的最低要求，包括但不限于对 FR1 和 FR2 之间载波聚合或 NR 双连接的额外要求，以及由于 NR EN-DC 而产生的额外要求
TS 38.101-4	NR; User Equipment (UE) radio transmission and reception; Part 4: Performance requirements	主要定义了 NR 终端设备的最低性能要求
TS 38.104	NR; Base Station (BS) radio transmission and reception	主要定义了 NR 带内基站的 NR 和窄带物联网（NB-IoT）操作的最低 RF 特性和最低性能要求
TS 38.133	NR; Requirements for support of radio resource management	主要定义了支持 NR 的频分双工（FDD）和时分双工（TDD）模式的无线资源管理的要求。这些要求包括对 NR 和 UE 测量的要求，以及在延迟和响应特性方面对通信节点动态行为和交互的要求

表 5.2　部分物理层协议规范

协议号	协议名称	协议内容
TS 38.211	NR;Physical channels and modulation	主要描述了 NR 的物理信道和物理信号
TS 38.212	NR; Multiplexing and channel coding	主要描述了编码、复用和到物理信道的映射
TS 38.213	NR; Physical layer procedures for control	主要描述了 NR 中控制操作的物理层过程的特性
TS 38.214	NR;Physical layer procedures for data	主要描述了 NR 数据信道的物理层过程的特性

表 5.3　部分空口高层协议规范

协议号	协议名称	协议内容
TS 38.300	NR; NR and NG-RAN Overall description; Stage 2	主要描述了 NG-RAN 的概述和总体描述，并重点介绍了连接到 5GC 的 NR 的无线电接口协议架构
TS 38.304	NR; User Equipment (UE) procedures in idle mode and in RRC Inactive state	主要描述了 RRC IDLE 态和 RRC INACTIVE 态下的 UE 过程的 AS 部分，也规定了用于在 UE 中 NAS 和 AS 之间进行功能划分的模型
TS 38.306	NR; User Equipment (UE) radio access capabilities	主要定义了 NR UE 无线接入参数
TS 38.321	NR; Medium Access Control (MAC) protocol specification	主要描述了 NR MAC 层协议，包括 MAC 层框架、信道结构和映射、MAC 实体功能、MAC 过程、MACPDU 的格式和相关定义等
TS 38.331	NR; Radio Resource Control (RRC); Protocol specification	主要描述了 UE 和 NG-RAN 之间无线接口的无线资源管理协议

表 5.4　部分接口协议规范

协议号	协议名称	协议内容
TS 38.401	NG-RAN; Architecture Description	主要描述了 NG-RAN 的总体架构，包括 NG 接口、Xn 接口和 F1 接口，以及它们和无线接口之间的联系
TS 38.413	NG-RAN; NG Application Protocol（NGAP）	主要描述了 NG 接口的无线网络层信令协议
TS 38.423	NG-RAN; Xn Application Protocol（XnAP）	主要描述了 NG-RAN 中 NG-RAN 节点之间控制面的无线网络层信令过程
TS 38.473	NG-RAN; F1 Application Protocol（F1AP）	主要描述了 F1 接口的 5G 无线网络层信令协议

第 6 章 | Chapter 6 |

5G-Advanced：演进与过渡

　　从 3G、4G 到 5G，移动通信技术一直在不断演进。随着 5G 技术的逐渐普及和商用，业界正在加速推动 5G 的进一步演进——5G-Advanced。具体而言，5G-Advanced 是基于 5G 网络在功能和覆盖方面的演进与增强，是支撑互联网产业 3D 化、云化、万物互联智能化、通信感知一体化、智能制造柔性化等产业数字化升级的关键信息化技术。5G-Advanced 与 5G 并行工作，5G-Advanced 负责支持部分具有较高要求的应用场景。5G-Advanced 在网络速度、延迟、连接数等方面实现显著提升，同时引入了通感一体、无源物联、内生智能等全新的革命性技术，从而能够更好地匹配人联、物联、车联、高端制造、感知等场景。

　　本章将详细介绍 5G-Advanced 的标准化进展和关键技术，并探讨从 5G-Advanced 到 6G 的演进与过渡。

6.1　5G-Advanced 的标准化进展

6.1.1　5G-Advanced 标准的制定

　　5G-Advanced 是 5G 技术的进一步演进，标志着 5G 技术从成熟迈向更高级的阶段。从 2021 年开始，3GPP 正式将 5G 演进命名为 "5G-Advanced"，简称为 "5G-A"。2021 年 12 月，3GPP 启动了 5G-A 首个协议版本 Rel-18 的首批项目立项，这标志着 5G 发展进入了新阶段。

截至目前，5G-A 的标准制定工作正在有条不紊地进行。2024 年 6 月，3GPP 宣布 Rel-18 标准版本冻结，这标志着 5G 正式迈向全新的 5G-A 阶段，规模化商用也随之快速展开。目前，业界正在推进 5G-A 的第二个标准版本 Rel-19，而 Rel-20 预计将于 2025 年启动。这推动了 5G-A 技术不断演进，并为未来的 6G 奠定了技术基础。

5G-A 被认为是向 6G 演进的中间阶段，它意味着 5G 的进一步发展。因此，5G-A 在发展过程中需要注意"三个兼顾"，并围绕"三新驱动"。

"三个兼顾"指的是"BC 兼顾""远近兼顾"以及"网端兼顾"。其中，"BC 兼顾"是指 5G-A 在发展过程中既要注重增强宽带和其他商用痛点问题，也要关注未来 5G-A 在垂直行业领域中可能涌现的新需求。"远近兼顾"是指 5G-A 既要兼顾已部署技术的潜在性能挖掘，也要兼顾新技术的引入和发展趋势。"网端兼顾"是指既要考虑网络与终端间的能力匹配，也要关注终端自主能力拓展的需求。

"三新驱动"指的是"新需求""新场景"以及"新能力"。其中，"新需求"是指卓越网络，即强大的网络基础和扩展新能力。5G-A 服务使万物互联，赋能千行百业，通过引入转发确定性、高精度定位、多播广播等新技术，拓展服务垂直行业的新能力。"新场景"指的是智生智简。5G-A 面向天地一体、体感网络、多近场通信等新业务应用场景，通过推进网络智能化，匹配全场景需求。"新能力"指的是低碳高效。5G-A 立足于绿色低碳发展理念，通过网络智能化、通感一体网络测量、智能保证等手段，积极助力国家碳中和目标。

2021 年 12 月 6 日至 17 日，3GPP 召开了 RAN#94-e 会议。在本次会议中，确定了共计 27 个项目的立项。按照 5G-A 创新链产业链融合行动计划提出的要求，这 27 个项目可分为"卓越网络""智生智简"和"低碳高效"三大目标，具体如图 6.1 所示。

6.1.2　关键时间节点

根据 3GPP 的规划，5G-A 的标准制定工作分为多个阶段进行。Rel-18 标准已于 2024 年 6 月冻结，这标志着 5G-A 首个版本标准的完成。Rel-18 标准的关键时间节点，如图 6.2 所示，已在 2024 年第二季度完成，其中一些重要应用已经开始进入规模商用阶段，起到了从 5G 到 6G 的承上启下的作用。作为 5G-A 的第二个版本，Rel-19 已于 2024 年第一季度启动，预计 Rel-19 的 ASN.1 和 OpenAPI 将于 2025 年底冻结。

Rel-20 标准包括两部分：Rel-20 5G-A 专注于 5G-A 的研究和规范；Rel-20 6G 聚焦于 6G 技术的早期研究。在 Rel-19 无延迟的情况下，Rel-20 5G-A 的工作将持续约 18 个月。具体而言，第一阶段（服务要求）计划于 2025 年 6 月冻结，第二阶段（系统架构）预计将于 2026 年 9 月完成。第三阶段（协议细节）的目标是在 2027 年 3 月冻结，而 ASN.1 和 OpenAPI 的冻结则预计在 2027 年 6 月，这标志着 5G-A 规范的最终确定和完善。详细时间表可参考 7.2 节。

Rel-21 预计将产生第一套正式的 6G 技术规范，并与 IMT-2030 的提交要求保持一致，计划在 2030 年之前提交。Rel-21 的时间表预计将在 2026 年 6 月前确定，而 ASN.1 和 OpenAPI 预计将在 2029 年 3 月冻结。按照 3GPP 协议演进的惯例，Rel-21 可能还会包括部分关键 5G-A 功能的增强。

卓越网络	NR 双工操作的演进	DL 与 UL 的 MIMO 技术演进	5G NR 智能转发器
	5G NR 进一步的移动性增强	5G NR 进一步的覆盖增强	5G NR 的 XR 增强技术
	NR Sidelink 的演进	增强型 NR 侧链中继	5G 新无线非地面网络
	物联网非地面网络增强	扩展和改进的 NR 定位	NR 多播和广播业务演进
	面向双收发的双卡终端	5G NR 对无人机的支持	移动集成接入和回程
	针对 5G NR 和 MR-DC 的 IDC 增强技术		
智生智简	AI 和 ML 在 NR 空中接口中的应用	用于 NG RAN 的 AI 和 ML	5G NR QoE 管理
	进一步降低 RedCap 用户设备成本	NR 和 EN-DC 中 SON 和 MDT 数据采集的增强	
低碳高效	5G NR 的网络节能技术	5G NR 的多载波增强技术	5G NR 的移动终端小数据传输
	用于 5G NR 的低功耗唤醒信号与接收器	5G NR 动态频谱共享	FR1 频段小于 5MHz 的专用频谱

图 6.1　5G Advanced 发展目标

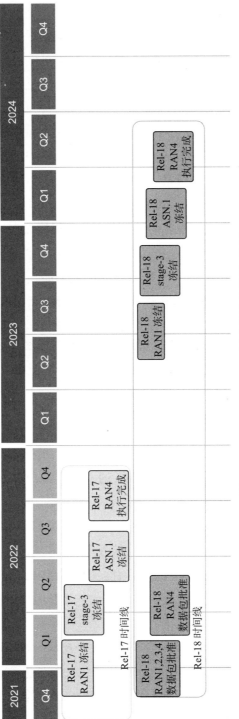

图 6.2　3GPP 5G-A Rel-18 标准化进程规划时间表

6.1.3　国际标准化组织的参与

与前面章节讨论的一样，3GPP 作为国际通信行业的标准化组织，在 5G-A 和 6G 的研究与标准化方面发挥着重要作用。3GPP 从 Rel-20 开始启动对 6G 的早期研究，覆盖技术规范组业务与系统（TSG SA）、技术规范组无线接入网络（TSG RAN）、技术规范组核心网（TSG CT）等核心领域。

2024 年 9 月 12 日，3GPP 业务与系统技术规范组（SA）的第 105 次会议在澳大利亚墨尔本召开。3GPP 的首个 6G 研究——6G 用例和服务需求的项目已获批准。此外，3GPP 还计划于 2025 年 3 月 10 日至 11 日举办首次全技术规范组（TSG）范围的 6G 研讨会。

国际电信联盟（ITU）在 6G 标准的制定中发挥着重要作用。2023 年 6 月，ITU 发布了《IMT 面向 2030 及未来发展的框架和总体目标建议书》，计划在 2030 年前后正式发布 6G 国际标准，并推动 6G 技术的商业化进程。

全球合作有助于 6G 技术在全球范围内的市场拓展。通过合作，各国可以共同开发新的市场机会，推动 6G 技术在智能交通、智能医疗、智能家居等领域的广泛应用。在以"奋进新征程，眺望 6G 标准前沿"为主题的 2024 全球 6G 发展大会上，英特尔公司的 Puneet Jain 强调了全球合作的重要性，并呼吁各国和行业组织加强合作，共同推进 6G 技术的标准化发展。

6.1.4　从 5G-Advanced 到 6G 的过渡

从 5G-A 到 6G 的标准化演进是一个复杂而多层次的过程。5G-A 通过一系列关键技术的创新，显著地增强了网络性能，为 6G 的发展奠定了坚实的基础。随着 6G 研究的深入，未来的通信网络将变得更加智能、高效和环保，全面满足人类社会的多样化需求。6G 不仅是 5G 的延续，更是对未来通信需求的前瞻性探索。6G 旨在提供更高的传输速率（可达 Tbit/s 级）、更低的时延（接近于零）和更广泛的连接（包括物联网和智能城市的全面连接）。6G 还将关注地理和社会的广泛覆盖，以实现全球无缝连接。

根据全球主流组织和业界的研判，6G 技术的迭代商用预计将在 2030 年左右到来。这意味着在接下来的几年里，标准化组织需要投入大量精力去制定与 6G 相关的标准。6G 将是一个综合性的通信系统，它融合了多种先进技术，如太赫兹、空天地一体化网络、内生 AI 等。这些技术的标准化将是 6G 标准化工作的重点之一。5G-A 作为 5G 到 6G 的过渡阶段，其标准化工作需要与 6G 的标准化工作相衔接。这包括在频谱资源、网络架构、无线接入技术等方面的协同配合，以确保 5G-A 能够平稳地过渡到 6G。

6.2　5G-Advanced 关键技术

作为 5G 标准化的延续，5G-A 大体上延续了 5G 三大典型场景（eMBB、URLLC 和 mMTC）的功能，同时也面向未来移动通信的新需求，在无线通感、人工智能和空天地一体化领域进行了积极的探索。

6.2.1　上行超宽带网络

上行通信一直以来都是 5G 移动通信的一大痛点。相较于基站的高发送功率和强大的运算处理能力，用户端的上行发送能力相对不足。这带来了两个核心问题：其一，上行覆盖受到严重限制，这导致下行 5G 覆盖范围远大于上行覆盖范围，从而直接影响了用户体验；其二，随着流媒体、短视频等新业务的普及，用户对上行通信的需求日益迫切。因此，作为 eMBB 业务的延伸，上行超宽带增强已成为 5G-A 的重要演进方向。

为实现上行超宽带网络，5G-A 上行演进存在多种解决方案，它涉及上行覆盖增强、MIMO 增强、Carrier Aggregation（CA）增强等多种技术，包括时域、频域、空域和功率域技术。

1）时域技术：通过发展双工演进技术，实现对基站间和终端间交叉链路干扰的规避，抑制基站内自干扰，并提供更多的上行传输机会。

2）频域技术：5G-A 引入了灵活上行频谱接入（FSA）技术，提高了频谱资源利用效率。

3）空域技术：上行 MIMO 技术是提升上行容量的有效手段，包括多 TRP 联合接收、高精度预编码、高阶空分复用以及如图 6.3 所示的上下行站点解耦（Asymmetric DL-sTRP and UL-mTRP）。

4）功率域技术：5G-A 采用用户聚合方式，解决上行用户功率受限的瓶颈。

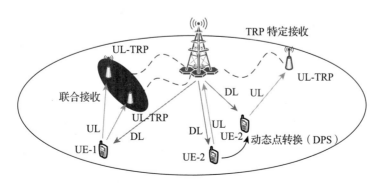

图 6.3　R19-MIMO 上下行站点解耦增强方案

6.2.2　低时延、高可靠网络

5G-A 有望实现更低时延、更高可靠的网络，从而满足工业互联网等业务需求。典型的超可靠低时延通信（URLLC）场景包括工业自动化、远程医疗、AR 和 VR 等。例如，AR 和 VR 业务要求空口时延低至 1ms，工业自动化、配电等业务要求可靠性达到 99.9999%。

根据 IMT-2020（5G）推进组的数据，当前 5G ToB 商用能力可实现端到端时延（包括核心网、承载网及空口时延等）20ms、可靠性 99.99%。5G-A 有望将低时延高可靠能力提升至 4ms 时延和 99.9999% 的可靠性，从而深入赋能工业互联网、智能电网等应用场景。

因此，在现有 5G 的 URLLC 业务基础上，针对上述需求，5G-A 开启了第三阶段低时延高可靠网络的增强，主要面向工业物联网的进一步提升以及 XR 业务的增强。在 XR 业务上，主要聚焦于增强现实、虚拟现实以及混合场景，它涉及依托手持和可穿戴设备的人机交互（human-to-machine）和人人交互（human-to-human）通信。

6.2.3　物联网技术与绿色网络

5G-A 将以轻量化和泛在化为方向扩展 IoT 技术，从而能够持续构建全场景物联能力。为满足不同终端应用对速率、功耗、成本等方面的差异化需求，5G-A 有望提出全新的无源物联网（Ambient IoT）技术，并对 Rel-17 中定义的轻量化（RedCap）技术进行进一步的场景适配优化，以降低中低速物联场景的部署成本。

RedCap UE，即降低能力的终端，是 3GPP 在 Rel-17 版本中提出的 5G 标准技术。在 5G 建设初期，各家公司主要关注大带宽和低时延，这导致早期 5G 芯片和终端的设计极为复杂，研发和终端投入成本较高。RedCap UE 在确保应用需求和性能的前提下，通过减少带宽、收发天线数量、降低速率、调整调制方式、引入半全双工等手段削减设备能力，从而降低终端设备的复杂度。其最终目的是实现 5G 商用网络性能与成本的均衡，为后续的大规模普及奠定基础。

众所周知，已经确定的 5G 标准主要针对三大类应用场景，分别是增强型移动带宽（Enhanced Mobile Broadband，eMBB）、海量机器类通信（Massive Machine Type Communication，mMTC）以及超可靠低时延通信（Ultra-reliable and Low Latency Communication，URLLC）。其中，eMBB 是 4G 时代移动宽带（MBB）的升级，主要侧重于网络速率、带宽容量、频谱效率等指标。RedCap UE 介于 eMBB 和低功耗广域网（LPWA）之间，其带宽速率低于 eMBB 但高于 LPWA，功耗和成本高于 LPWA 但远低于 eMBB，具体如表 6.1。3GPP 在 Rel-17 版本中定义了对 RedCap 设备的支持。

表 6.1　RedCap 终端与 eMBB 终端比较

技术特性	Sub 6G 频段			毫米波频段		
	RedCap	eMBB	降低成本	RedCap	eMBB	降低成本
最大带宽	20MHz	100MHz	33%	100MHz	200MHz	15.6%
双工方式	半双工	全双工	8%	半双工	全双工	8%
最小接收分支数	1	2 或 4	26%～46%	1	2	31%
下行最大 MIMO 层数	1 或 2	2 或 4	/	1 或 2	2 或 4	/
下行必选最大调制阶数	64QAM	256QAM	5.8%	16QAM	64QAM	5.6%
上行必选最大调制阶数	16QAM	64QAM	2.2%	16QAM	64QAM	1.9%

业界普遍认为，5G-A 对 RedCap、Ambient IoT 等技术的研究推进能够显著提升物联网承载能力，有望支撑千亿级物联网连接。此外，面向非地面网络（NTN 网络），R19 开启了由卫星网络支持的物联网技术，这在泛在连接领域具有广阔前景。

此外，5G-A 绿色网络可以从设备层面、站点和网络层面着手。在设备层面，研究性能近乎无损的网络设备多维度（时域、空域、频域、功率域等）动态关断技术。在站点和网络层面，通过站点架构创新（如 BBU 集中化、全室外免空调站点等）、站间资源协同（根据基站间业务负载的差异和变化灵活组网）、多网多频协同等多种节能技术，推动持续演进。

6.2.4　通信与感知融合技术

5G-A 将开展通信感知融合技术的研究，在蜂窝网络上构建高精度组网感知能力。随着 5G 频谱从 Sub 6GHz 向毫米波发展，其波长变短、波束变窄、方向性增强，同时，可承载的信息量更丰富、空间分辨率更高，感知能力也有所提升。

5G-A 的基本原理是基站通过频谱资源共享、一体化空口和硬件架构设计、多点协作以及信息的全方位交互，融入类雷达的功能。涉及通感一体化波形设计、多天线、时频域资源分配、AI、信道建模、组网等多项关键技术的引入和应用，实现通信与感知能力的协同。为了配合通信感知融合技术，3GPP 在 Rel-19 中正式开启了面向无线通信感知（Integrated Sensing And Communication，ISAC）的信道建模，并预期将在 Rel-20 中正式启动相关标准的研究项目或标准化工作。

6.2.5　内生智能

人工智能（AI）和机器学习（ML）在 5G-A 中发挥着重要作用。AI 用于网络优化、资源管理和故障预测，而 ML 则有助于提升网络的自适应能力和自动化管理。5G-A 首次明确构建"内生智能"的核心能力，AI 和 ML 技术推动了无线网络迈入智能时代。5G-A 网络智能技术通过对大规模复杂问题进行数学建模，借助高效的多目标寻优算法逼近最优解，并不断地实现自学习和自演进，从而高效地利用多频资源并优化多维业务体验。

AI 和 ML 是用于模拟、延伸和扩展人脑智能的新兴学科，最早可以追溯到 1956 年由麦卡锡提出的"制造智能机器的科学"。近年来，以深度学习为代表的 AI 和 ML 算法迅猛发展，实现了对复杂环境和问题的高准确率分析、判断和预测，从而能够适应不同垂直行业应用的特殊需求，为充分解锁 5G 性能瓶颈和确保 5G 公网专用提供了切实可行的技术路径。

在标准方面，3GPP 在 Rel-18 之前与 AI 和 ML 相关的研究主要集中于网络自动化（Network Automation）和网络功能数据收集（Data Collection for Various Network Functions）两方面。例如，在 Rel-15 阶段引入了网络数据分析功能（Network Data Analytics Function），这提高了网络的数据分析能力；在 Rel-16 阶段引入了核心网的数据收集能力；在 Rel-17 阶段引入了 UE 的数据收集能力。同时，在 Rel-17 阶段，RAN3 工作组发布了 AI 针对 RAN 侧增强所带来的性能提升研究报告，这为 Rel-18 的 AI 和 ML 在 NG-RAN 增强研究中奠定了基础。

在 Rel-18 中，RAN1 领导的 AI 和 ML 对 NR 空口增强主要集中于利用 AI 和 ML 方法提升网络性能或降低复杂度，具体包括信道状态信息（CSI）增强、波束管理（Beam Management）以及 AI 高精度定位三个方面。其中，CSI 增强主要关注基于 AI 和 ML 方法的 CSI 频域压缩与时域预测；波束管理主要关注波束的空间和时间预测；AI 高精度定位则主要涉及 AI 和 ML 直接定位或辅助定位。

在系统架构领域，Rel-18 有两个涉及 AI 在网络中的应用的项目。一个项目是网络数据分析功能的增强，即通过将联邦学习与移动通信技术相结合，构建面向商用的数据隐私保护方案，从而充分地利用电信网的海量数据。在模型训练及推理阶段，通过将执行结果作为模型的输入数据，使模型能够基于结果进行优化，从而提升模型分析的准确性。另外，与网管域智能化分析网元（MDAF）联动，利用网管侧的智能化分析结果，增加网络侧分析的输入信息，从而提高分析的准确性。另一个项目是 5G 系统对 AI 和机器学习服务的支持。5G 辅助提供 AI 和机器学习的模型分发、传递和训练，服务于多样化的应用，如视频和语音识别、机器人控制。同时，5G 为 AI 和机器学习应用开放网络信息，并相应增强 QoS 和策略。

5G-A 网络通过集成网络数据分析功能和其他核心网元，实现数据采集、AI 和 ML 模型训练和分析推理等任务。这使网络能够实时感知网络状态、用户行为和业务需求，从而进行智能决策和优化。通过内生智能技术，5G-A 网络能够判断用户业务体验状态，并在出现质量下降时触发网络侧保障措施，为用户提供流畅、高质量的服务体验。内生智能技术还可对网络资源进行智能预测和分配，这可以避免资源浪费，提高资源利用率，从而降低网络运营成本，提升网络经济效益。

同时，3GPP RAN1 物理层也针对波束管理、CSI 获取和定位三大场景开展了"AI/ ML + PHY"的 SID/WID 工作。虽然基于双边模型（two-sided model）的实现因复杂性和收益有限导致标准化困难，但其他几大场景预计将在 R19 完成 WID 标准化工作。

6.2.6 边缘计算

边缘计算将计算、存储和网络服务从集中化的云端转移到网络边缘，即更靠近数据源和用户的位置。这种转变旨在提高效率、节省带宽、提升用户体验、降低时延，并减轻核心网络的负载。

5G-A 边缘计算的应用场景包括以下几个方面：

1）智能制造：在智能制造领域，设备和生产线上的传感器实时产生大量数据。5G-A 边缘计算可以帮助企业将数据处理移至更靠近设备的位置，实现即时反馈和控制，从而提高生产效率和精度。

2）自动驾驶：自动驾驶汽车对实时数据处理有着极高的要求。5G-A 边缘计算能够将数据处理移至车载设备或附近的边缘节点，从而降低延迟、提升响应速度，确保自动驾驶的安全性和可靠性。

3）智慧城市：智慧城市涉及大量智能设备和传感器，如交通监控、公共安全摄像头、智能电网等。5G-A 边缘计算可以减少数据传输到远程云端的时间，同时降低带宽使用，提高城市管理效率和响应速度。

4）AR 和 VR 应用：在 AR 和 VR 应用中，要求实时的互动和数据流，任何延迟都会影响用户体验。5G-A 网络与边缘计算的结合可以显著地降低延迟，提升用户体验，特别是在多人互动或大规模虚拟环境中。

6.2.7 高精度定位

传统手机定位采用全球定位系统（Global Positioning System，GPS）。在室外，

GPS可以提供亚米级定位精度。然而，在没有GPS信号的场景下，如室内或地下停车场，基于GPS的手机定位可能会失效。因此，从R16开始，3GPP引入了5G NR定位功能。利用MIMO多波束特性，定义了基于蜂窝小区的多站信号往返时间（Multi-RTT）、信号到达时间差（TDOA）、到达角测量法（AOA）、离开角测量法（AOD）等定位技术。

随着5G NR通信系统的大规模部署，垂直行业对定位服务的需求日益迫切。同时，各运营商也对未来定位服务的广阔市场充满期待，亟须扩展基于5G NR的位置增值服务，为普通用户和垂直行业提供更高精度的定位服务。在此基础上，3GPP在R17中从更高的垂直定位精度、物理层和高层端到端定位时延、网络与设备效率以及高完整性和可靠性等方面对NR定位进行了增强。

R18在R16、R17的基础上，对5G NR定位在Sidelink高精度定位、载波聚合定位、载波相位定位、定位完整性、低功耗高精度定位以及RedCap UE定位等方面进行了增强。通过引入新的定位技术、定位参考信号（PRS）设计和测量结果上报方式等，NR定位的应用领域不断扩展，未来将服务于商业、公共安全、工业物联网以及V2X等场景。

6.2.8　非地面网络

非地面网络（Non-Terrestrial Network，NTN）是3GPP在R17阶段制定的一种基于新空口技术的终端与卫星直连的通信技术。针对卫星通信过程中由于距离远、移动快、覆盖广带来的多普勒频移偏大、信号衰减大以及传播时延大的问题，引入了调度时序管理、混合自动重传请求（HARQ）功能编排、上行传输时延补偿、空地快速切换等先进技术。截至目前，3GPP讨论的NTN主要针对低轨卫星（Low Earth Orbit，LEO）、中轨卫星（Medium Earth Orbit，MEO）、地球同步卫星（Geostationary Earth Orbit，GEO）和无人飞行系统（Unmanned Aircraft System，UAS），暂不考虑高轨卫星（High Elliptical Orbit，HEO）。3GPP定义的NTN平台类型及轨道属性如表6.2所示。

表6.2　3GPP定义的NTN平台类型及轨道属性

平台类型	高度范围	轨道	典型波束脚印大小
LEO	300～1500km	圆形绕地轨道	100～1000km
MEO	7000～25000km		100～1000km
GEO	35876km	非固定轨道	200～3500km
UAS	8～50km	椭圆形绕地轨道	5～200km

在标准演进层面，3GPP 在 R15 启动星地融合研究之初便设立了 NTN 议题。R16 完成了支持 NTN 的 NR 解决方案，明确 NR 支持 NTN 应用的基础功能应优先考虑卫星场景，这为 3GPP 相关技术规范的研究指明了方向。在 R17 阶段，3GPP 全面开展了系统架构和空口接入技术的研究，确立了首个基准版本技术规范。在 R18 阶段，3GPP 主要关注 NTN 技术在多播广播业务（MBS）支持、RedCap 支持、新频谱支持、再生模式支持等新特性的应用以及对现有特性的增强。

6G 标准化愿景与热点技术

7.1 全球统一的 6G 标准化愿景

全球统一的 6G 标准是全球化市场互联互通的基本需求，也是移动通信产业链持续健康发展的基础。避免技术和标准的分化，坚持推动形成全球统一的 6G 标准，构建开放共享的健康产业生态，这仍然是全球产业共同努力的目标。

凭借在全球数十亿通信服务用户使用的 3G、4G 和 5G 规范方面的工作，3GPP 已准备好塑造 6G 的未来。2023 年 12 月 3 日，3GPP 的合作伙伴（ARIB、ATIS、CCSA、ETSI、TSDSI、TTA 和 TTC）宣布，3GPP 将开发下一代全球通信标准，即 6G 标准。

CCSA 理事长闻库：

" Global harmonization of standards is the foundation to the success of the mobile communication industry. 3GPP has developed international standards from 3G to 5G，creating significant economical and societal values to the world. With strong commitment from partners, 3GPP will continuously drive the successful development of 6G global harmonized standards. "

"全球标准的统一是移动通信行业成功的基础。3GPP 制定了从 3G 到 5G 的国际标准，为世界创造了巨大的经济和社会价值。在合作伙伴的坚定承诺下，3GPP 将继续推动全球统一的 6G 标准化发展。"

ETSI 总干事路易斯·豪尔赫·罗梅罗（Luis Jorge Romero）：

" Success is something that we must work to maintain. Our future success is best served by the partner's commitment to making 3GPP fit-for-purpose for the next phase of the system's development. Our early commitment to this cause is a strong marker for the exciting road ahead – towards 6G. "

"成功是我们必须努力保持的目标。合作伙伴致力于使 3GPP 适应系统开发的下一阶段，这对我们未来的成功至关重要。我们对这一事业的早期承诺是迈向 6G 标准化这一激动人心的未来的重要标志。"

ATIS 总裁兼首席执行官苏珊·米勒（Susan Miller）

" Mobile technology uniquely underpins innovation in many parts of society and the global economy. 3GPP's ongoing 5G work delivers valuable technology for global customers. Further improvements through the 5G Advanced lifecycle will help ensure 5G's operational importance. Looking forward, industry, users and government have expressed growing interest in 6G's potential to not only deliver new services but to optimize existing ones. ATIS' Next G Alliance has developed a comprehensive 6G roadmap for North America that will serve as a basis for our input to 3GPP global 6G standardization. "

"无线技术在社会和全球经济的诸多层面推动了创新。3GPP 正在进行的 5G 工作为全球用户带来了价值。5G-Advanced 生命周期中的进一步增强将提升 5G 的实用价值。行业、用户和政府都对 6G 寄予厚望：6G 不仅将提供新的服务，还将优化现有服务。ATIS 的下一代技术（Next G）联盟提出的 6G 演进路线也将为 3GPP 开发全球统一的 6G 标准作出贡献。"

ARIB 执行董事西冈诚司（Seiji Nishioka）：

" Mobile communication systems have been positioned as an essential platform for our society and economy, and we believe this trend will further increase with 6G. For mobile communication systems from 3G to 5G, 3GPP has also worked with ITU to strongly promote standardization development all over the world. Through this commitment, the 3GPP organizational partners will work together to develop 6G which will bring more values to all of us with global standard. "

"移动通信系统是经济和社会发展的重要基石，我们相信这一趋势将在 6G 时代继续延续。从 3G 到 5G 的移动通信系统，3GPP 和 ITU 共同推动了全球标准的发展。通过这一共同承诺，3GPP 的合作伙伴将共同开发 6G 标准，为全球标准带来更大价值。"

TSDSI 主席苏布拉马尼亚姆（N. G. Subramaniam）：

" With 5G networks rapidly rolling out, global research into technologies that will support emerging use cases for the next generation of mobile communications is already underway. Over its two-and-a-half-decade journey, 3GPP has seen an ever-growing number of stakeholders consistently expressing high confidence in its ability to deliver impeccable mobile communication standards across multiple generations. Consequently, 3GPP stands as the natural choice for all stakeholders to come together and collaborate on the development of 6G standards. "

"随着 5G 网络的迅速发展，全球正在研发新技术以支持下一代移动通信的应用。在过去 25 年里，越来越多的参与方肯定了 3GPP 在移动通信标准化方面的成就。自然而然，3GPP 将继续开发 6G 标准，欢迎所有利益相关方的参与与合作。"

TTA 副主席具京哲（Kyoung Cheol Koo）：

" Today signifies a historic milestone in the journey towards 6G for digital transformation. With the release of this unified commitment, we, the 3GPP partners, reaffirm our dedication to driving the advancement of 6G standardization, which will pave the way for a new era of sustainability and technological innovation. Let's come together with 3GPP to shape the 6G standard. "

"今天是 6G 数字化转型的重要里程碑。通过这一共同承诺，我们 3GPP 合作伙伴重申，并致力于推动 6G 标准化的发展，这将为可持续发展和技术创新的新时代铺平道路。我们将与 3GPP 共同开发 6G 标准。"

TTC 主席兼总干事岩田秀之（Hideyuki Iwata）：

" Mobile communications technology underpins people's lives and social and economic activities around the world. By developing the international standards for mobile communications, from one generation to the next, 3GPP has made enormous contributions to global mobile networks, helping to create better societies and improve people's welfare.

Moving towards 6G, we the 3GPP partners, reassert our commitment to developing 6G standards that will enable wider uses of more innovative technologies in various aspects of the society. We hope that stakeholders across the globe will join 3GPP's 6G standardization activities. "

"移动通信技术支撑着世界各地民众的生活、社会和经济活动。通过制定一代又一代的移动通信国际标准，3GPP 为全球移动网络做出了重要贡献，帮助创造了更美好的社会，改善了人们的福祉。

在迈向 6G 的过程中，3GPP 合作伙伴重申了对开发 6G 标准的承诺，这将使更多创新技术能够在社会的各个方面得到更广泛的应用。我们希望全球的利益相关者都能够加入 3GPP 的 6G 标准化活动。"

7.2 6G 标准化时间表

如图 7.1 所示，3GPP 6G 标准化时间表已初步确定。

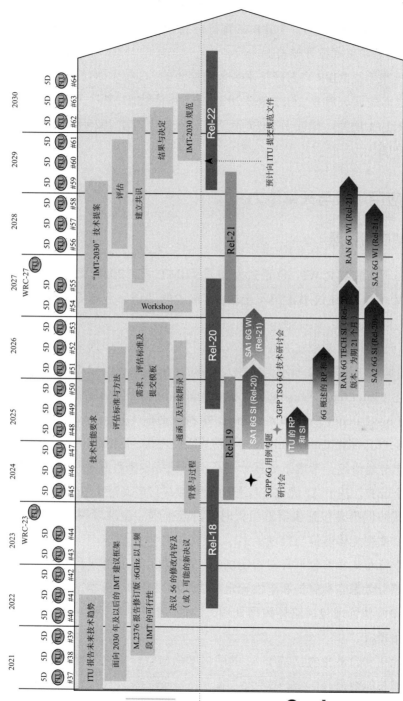

图 7.1　3GPP 6G 标准化时间表

2024 年 5 月 8 日至 10 日，3GPP 在鹿特丹召开了 6G 用例专题研讨会，这标志着 6G 的标准化工作正式拉开帷幕。

2025 年上半年，3GPP 将召开技术规范组层级的 6G 技术研讨会。

工作组层面的研究将在 3GPP Rel-20 进行，并持续 21 个月。正式的 6G 标准制定工作将在 Rel-21 展开，预计于 2027 年正式启动，计划在 2029 年内完成协议冻结，并同步提交 ITU。

7.3　典型应用场景与关键能力

7.3.1　典型应用场景

2023 年 6 月，ITU-R WP 5D 正式发布了《IMT 面向 2030 及未来发展的框架和总体目标建议书》。该建议书汇集了全球 6G 愿景的共识，标志着全球 6G 技术研究及标准化进入新的阶段。

《IMT 面向 2030 及未来发展的框架和总体目标建议书》中列举了获得广泛认可的六大典型应用场景，如图 7.2 所示，包括人工智能与通信（AI and Communication）、通信感知一体化（Integrated Sensing and Communication）、高可靠低时延通信（Hyper Reliable and Low-Latency Communication）、沉浸式通信（Immersive Communication）、超大规模连接（Massive Communication）以及泛在连接（Ubiquitous Connectivity）。

人工智能与通信综合考虑了数据管理、模型训练、推理并提供 AI 服务，满足了多样化的业务需求，基于 AI 优化空口和网络架构，它将支持（图 7.3）：

- 分布式协同推理包括机器群组低时延协同推理、全球多模态数据融合协同推理以及多智能体通信与推理。
- 多站点分布式学习包括针对特定场景（智慧城市、智能工厂和智慧家庭）的模型、综合考虑隐私保护和个性化定制的模型以及语言模型和大语言模型训练。
- 数据和模型管理包括路径数据处理、数据和模型的应用与管理、数据匿名化和使用授权。
- 网络优化和自动化包括基于 AI 的网络增强与空口优化、智能化网络管理、智能节能及能效提升。

通信感知一体化针对 ToC 和 ToB 用户提供感知、定位和通信服务，它将支持（图 7.4）：跟踪与定位、人类活动识别、环境对象重建和监控功能。通过更高的系统带宽，可实现广域覆盖的高精度感知和定位，同时具备高效的感知数据应用能力，例如多模态感知融合与管理、AI 与感知融合以及感知辅助通信和定位，从而促进低空经济发展，形成巨大的市场潜力。

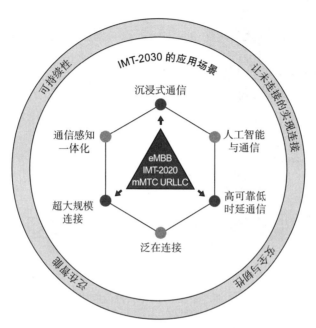

图 7.2 ITU 定义的六大典型应用场景

图 7.3 AI 通信支持的场景

a）跟踪与定位

b）人类活动识别

c）环境对象重建

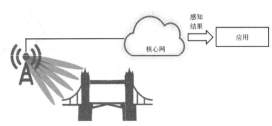

d）监控

图 7.4　通信感知一体化支持的应用场景

高可靠低时延通信是 IMT-2020（5G）中 URLLC 的延伸，它涵盖了一系列具有更严格的可靠性和时延要求的特殊使用场景，例如工业物联网中的全自动化通信、控制和操作、应急服务、远程医疗以及电力输电和配电监控等。此类场景需要提供增强的可靠性和低时延支持，并且根据具体的使用情况，可能还需要精确定位和高连接密度的能力。

- 沉浸式通信创造沉浸式体验，实现高保真、无边界的通信服务，它将支持：
- 全息通信：人、物体与环境的动态交互，拥有超高吞吐量以及巨大的计算需求。
- 沉浸式 XR：超高清 3D 沉浸式实时交互，支持云渲染和多点触控融合的分布式计算。
- 多模态交互：多传感器信息融合，保障信息传输的一致性、协调性和毫秒级时延，能够高精度定位。

超大规模连接作为 5G mMTC 的扩展，支持更多的终端类型和更高的连接密度。它融合了数字孪生技术，实现了数据收集、建模、推理、决策等现实与虚拟世界的交互。它将广泛应用于广域环境监测、智慧农业、自动资产管理与全球跟踪、数字孪生等领域。

泛在连接旨在连接此前未覆盖的区域，以提供广泛的宽带接入和物联网服务。它支持弹性可扩展的网络架构，结合网络节点扩展与覆盖范围调整，实现高效的地面与非地面网络互通。它能在有限的覆盖条件下提供更高的服务可用性，并支持网络与卫星的共享。

7.3.2　关键能力

6G 网络以用户为中心，支持移动计算，安全可靠，并能够适应可持续发展的需求。

- 以用户为中心：基于用户需求进行网络部署、定制化和网络协同。针对 ToC 用户提供可配置的异构网络，针对 ToB 用户提供定制化的网络租用。当前网络服务只能由运营商配置，并在几周内保持相对静态。未来，通过用户、运营商和制造商之间的协同，可以实现用户定制网络的实时动态部署。
- 支持移动计算：通过终端计算迁移和分布式算力资源控制（图 7.5）调度广泛分布的计算节点，提供"云 – 边 – 用户"协同的计算服务。

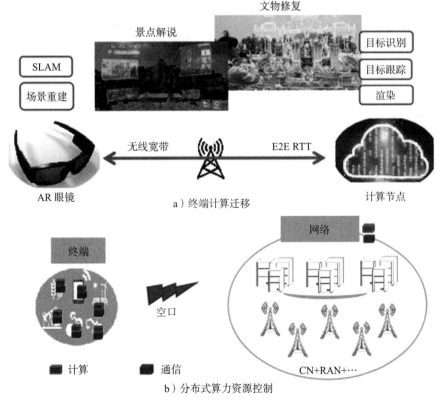

图 7.5　终端计算迁移和分布式算力资源控制

- 安全可靠：建设智慧、弹性、高效、可信赖的安全系统。通过保密性和完整性保护满足超高速通信需求，针对物联网、非地面网络和低延时场景引入轻量化鉴权，支持抗量子算法和 256bit 加密算法。通信网络结合技术设施建立多方信任，这实现了安全能力扩展，保护了用户隐私和数字身份系统。
- 可持续发展：实现系统级的能效提升并降低整体功耗。在 6G 初期就考虑节能技术，提供端到端的节能方案，充分利用可再生能源，从而实现网络侧和终端侧的能效管理与提升（图 7.6 和图 7.7），构建可持续的绿色网络（图 7.8）。

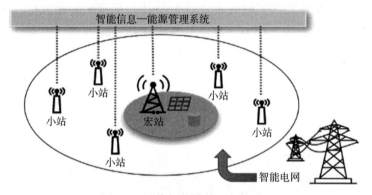

图 7.6　网络侧能效管理与提升

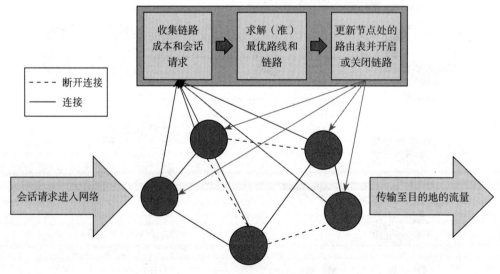

图 7.7　终端侧能效管理与提升

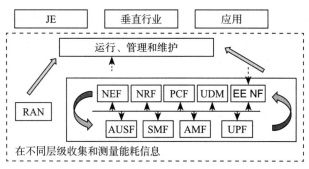

图 7.8　可持续绿色网络

7.4　6G 发展趋势

7.4.1　用户与应用趋势

6G 的发展愿景是"数字孪生、智慧物联"。为此，6G 将实现四个维度的深度融合：物理世界与数字世界、人工智能与通信网络、通信网络与感知技术、地面网络与非地面网络。

6G 将实现物理世界与数字世界的深度融合。一方面，6G 将支持对周围环境的实时感知和建模，把物理世界复制到数字虚拟世界中，即数字孪生。通过利用人工智能、传感技术等先进技术，数字孪生能够同步更新数字世界与物理世界，并通过操作数字世界影响物理世界，为物理资产、资源、环境和状态的建模、监测、管理、分析和模拟提供实时且便捷的应用平台。6G 有望通过多感官交互和 XR 设备提供沉浸式体验，实现与虚拟世界的实时交互。全息远程呈现可能会在工作、社交、娱乐、远程教育、远程表演等领域变得越来越普遍。

6G 将实现人工智能与通信网络的深度融合。6G 将具备泛在的内生智能、算力能力和大模型应用。预计将在 6G 系统的各个部分进行人工智能技术（特别是机器学习技术）的研究和应用探索，包括 6G 空口技术。通过内生智能设计，6G 系统将更加高效，并逐步实现自我监控、自我组织、自我优化和自我修复。此外，支持人工智能的 6G 基础设施将为智能应用提供算力服务，并支持模型训练、推理、模型部署以及跨网络和设备分布的算力功能。同时，凭借内生智能和算力的优势，6G 网络将催生大量电信和互联网领域的大模型应用，从而推动智慧城市建设，进一步促进全社会的数字化和智能化升级。

6G 将实现通信网络与感知技术的深度融合。6G 将通过高精度感知和定位，支持目标检测与跟踪、环境监测、建筑桥梁微形变检测、环境重构以及人体健康监测等。尤其是在低空经济领域,通感一体化将发挥重要的作用。同时,6G 还将利用感知获得的结果辅助通信与定位,以提升用户体验。

6G 将实现地面网络和非地面网络的深度融合。6G 内生支持天地一体化的泛在连接,这对于教育、卫生、农业、运输、物流等领域的服务至关重要。此外,6G 通过进一步连接农村和人口稀少的偏远地区,保障不同位置之间用户体验的一致性,弥合数字鸿沟,这有助于实现联合国可持续发展目标。

7.4.2 技术发展趋势

为实现上述用户和应用发展趋势,6G 技术的发展方向包括支持分布式超大规模天线系统、AI 赋能的空口技术、通信感知一体化技术、智能超表面技术(RIS)、星网融合网络技术、新型双工技术等。

6G 分布式超大规模天线系统将结合超大规模天线技术和多点协作技术,实现以用户为中心的处理。具体而言,大量天线及相关接入系统形成的接入点(AP)在特定区域内分散部署,这些接入点通过前传网络与集中处理单元实现同步并进行相关处理,从而获得优异的分集增益、波束赋形增益和空间复用增益。在该网络系统中,用户将根据信号强度选择临近的接入点接入网络,并且随着用户的移动,仍能持续地受到多个接入点的服务。

AI 赋能的空口技术将在 6G 通信链路的各个环节中尝试应用,包括编码、调制、低峰均比波形生成、信道估计、参考信号减少、信道状态信息反馈、波束管理等。同时,AI 还将应用于通感融合、数字孪生、网络节能、网络运维等多种应用场景。总体而言,AI 将在解决高复杂度和难以建模的问题上提供一种全新的设计方案。

6G 通信感知一体化技术将支持全新的网络架构,以实现通感功能。具体而言,它将支持 6 种基站和用户参与的感知模式,以适应更多的应用场景。这些模式包括基站回波感知、基站间空口感知、基站发送用户接收的空口感知、用户发送基站接收的空口感知、终端回波感知和终端间旁链路感知。为提升感知性能,6G 将探索性地采用新的波形进行感知,或设计全新的一体化通信感知波形。此外,通感技术将与分布式超大规模天线系统、人工智能等其他 6G 关键技术深度融合。

智能超表面技术有望将无线传播环境从被动适应转变为主动可控,成为 6G 网络的关键技术之一。RIS 的面板由亚波长单元组成,这些单元由可编程新材料构成,具备独特的电磁波特性,从而实现对信道环境的智能控制。6G 将研究 RIS 部署场景下的信道建模、信道状态获取、波束管理、功率控制等关键技术。RIS 具有低成本、低功耗和易部署的特点。RIS 的规模化部署将大幅地提升网络覆盖和容量，并为高精度定位和环境感知提供有力支持。

6G 星网融合网络技术将实现地面网络与非地面网络的空口融合设计、网络融合设计、频谱共享共用以及资源的统一调度管理。同时，它将支持融合网络架构平台，实现统一的业务调度和分配。在终端侧，用户将通过地面网络与非地面网络全局统一的标识接入。星网融合网络技术将成为 6G 提供泛在连接和弥补数字鸿沟的关键技术。

6G 新型双工技术将内生支持子带非重叠全双工技术，并有望研究和支持重叠全双工技术。6G 将通过支持自干扰消除技术以及大规模组网下的跨链路干扰消除技术，实现全双工技术的应用。同时，还将探索基站和终端侧的双工演进，以最大化网络整体性能。全双工技术可以直接提升频谱利用效率，对网络传输时延、覆盖和吞吐量带来显著提升。

第 8 章 │Chapter 8│

移动通信技术标准化实践

8.1 标准化与国家治理

标准化体现在生活的方方面面，标准化活动在各个层面都发挥着重要作用。通过前几章的介绍，标准化在三个层面发挥着重要作用：技术发展、产业进步和国家治理。如图 8.1 所示，这三个层面依次递进、相辅相成，体现了标准化的重要性以及标准化体系的战略地位。

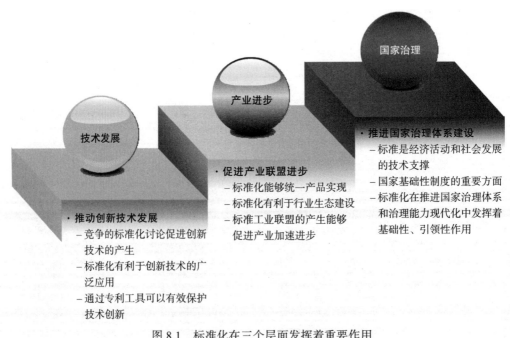

图 8.1　标准化在三个层面发挥着重要作用

　　第一个层面是推动创新技术的发展，这也是标准化最基本的层面。具体而言，竞争性的标准化讨论有助于促进创新技术的产生，同时推动创新技术的广泛应用。例如，第三代合作伙伴计划（3GPP）通过公开、透明且充分竞争的技术讨论，制定了成功并被全球广泛部署的第三代（3G）、第四代（4G）以及第五代（5G）技术标准。此外，标准制定之后，参与标准技术创新的公司或机构可以通过专利工具有效保护其技术创新成果，从而进入持续开展技术创新的良性循环。

　　第二个层面是其能够促进产业联盟的进步，这是标准化的重要体现。具体而言，标准化可以统一产品实现，有助于行业生态的建设，而标准工业联盟的形成则能够推动产业加速发展。例如，在欧洲议会以压倒性票数通过了关于在欧盟单一市场内采用统一充电接口——C 型通用串行总线（USB Type-C）的法案后，可以预见 USB Type-C 将成为欧盟地区各类电子设备的通用充电接口，这也在一定程度上推动了充电接口在全球范围内的统一。

　　第三个层面是推进国家治理体系的建设，这也是标准化最具战略意义的层面。标准是经济活动和社会发展的技术支撑，是国家基础性制度的重要组成部分。标准化在推进国家治理体系和治理能力现代化中发挥着基础性和引领性作用。标准化通过统一的方式促进国家间的贸易，但也可能被政治化，从而影响国家间的公平竞争。例如，如果所有国家都能够在联合国框架下基于统一的国际规则开展公平贸易，则这套国际规则将有助于推动全球化进程，为所有国家带来福祉。然而，国际规则的制定有时可能受到强国的影响，朝着有利于强国的方向发展，甚至被破坏。

　　如前所述，标准化的最高层面是推进国家治理体系的建设，具有国家战略意义。这里将进一步探讨我国在国家标准化发展方面的战略纲要和行动计划。

　　2021 年 10 月，国务院印发《国家标准化发展纲要》（以下简称《纲要》）。《纲要》首次将标准化发展提升到国家战略高度，明确指出，标准是经济活动和社会发展的技术支撑，是国家基础性制度的重要组成部分。标准化在推进国家治理体系和治理能力现代化中发挥着基础性、引领性作用。新时代推动高质量发展、全面建设社会主义现代化国家，迫切需要进一步加强标准化工作。

　　《纲要》提出了具体发展目标：到 2025 年，实现标准供给由政府主导向政府与市场并重转变、标准运用由产业与贸易为主向经济社会全域转变、标准化工作由国内驱动向国内国际相互促进转变、标准化发展由数量规模型向质量效益型转变。标准化能够更加有效地推动国家综合竞争力提升，促进经济社会高质量发展，在构建新发展格局中发挥更大作用。到 2035 年，结构优化、先进合理、国际兼容的标准体系更加健全，具有中国特色的标准化管理体制更加完善，市场驱动、政府引导、企业为主、社会参与、开放融合的标准化工作格局全面形成。

同时，《纲要》在推动标准化与科技创新互动发展、提升产业标准化水平、完善绿色发展标准化保障、加快城乡建设和社会建设标准化进程、提升标准化对外开放水平、推动标准化改革创新、夯实标准化发展基础等方面都提出了重要指导意见。

2022年7月16日，多部门联合发布《纲要》行动计划，提出了内容全面的实施方案。其中，行动计划第三十条指出，要加强标准化人才的教育培养。在相关专业中设置标准化课程或教学内容，推进学历证书＋职业技能等级证书（1+X证书）制度的实施，推广标准化领域职业技能等级证书的应用。建设若干标准化人才培养基地，完善全国专业标准化技术委员会委员网络讲堂，加大各级各类标准化专业建设与人才培养力度。培养一批标准化创新团队和骨干青年带头人，强化国家标准化高端智库建设。

2024年3月，我国发布了关于印发《贯彻实施〈国家标准化发展纲要〉行动计划（2024—2025年）》的通知，进一步深化落实《纲要》精神。其中，第三十三条指出，加强多层次标准化人才队伍建设，丰富标准云课、委员网络讲堂课程资源，广泛开展标准化教育培训。

写作本书的初衷也是为了践行《纲要》精神，具体落实行动计划中提到的加强标准化人才建设和丰富标准化课程资源的要求。

8.2　标准化实践基础

标准代表（人员）可以称为技术领域的外交官。那么，标准会议的组织形式是怎样的？参会代表之间又是基于怎样的规则展开讨论的？如何成为一名优秀的标准代表？

标准化讨论的主旋律是围绕技术本身进行理性、专业的交流与合作。

本节以国际标准化组织3GPP为例，尝试解答上述问题。

8.2.1　3GPP会场

3GPP会场通常分为主会场和分会场，主会场由正主席主持，分会场一般由副主席主持，正主席和副主席均有裁决权。另外，如果一些议题进展缓慢，主席也会安排一些官方的线下讨论，一般由议题负责人主持。同时，一项标准的成功往往需要标准代表与各个公司的代表进行大量的非官方私下讨论。3GPP 作为以技术讨论为主的国际标准会议，与会者通常非常积极主动，第一天和最后一天的主会场基本座无虚席，座位通常需要提前一天或第一天早上抢占。

3GPP 并没有明确的着装要求，大家普遍身穿休闲正装，也有不少人穿着随意，体现了工科人的简单朴实。

此外，3GPP 这样的国际化会议不会配备同声翻译，大家都用英语发言和交流。发言时需举手，主席根据举手顺序等情况决定发言顺序，有种抢麦的感觉。

标准会议不仅是技术角逐的场合，也是和谐交流、建立友谊的社交平台。通常，标准化讨论期间会穿插各种社交活动或晚宴。胜利有时并非通过直接竞争获得，而是在餐桌上通过协商与交易实现。

8.2.2　3GPP 组织形式

现实中的 3GPP 会议是如何构成的，如何进行讨论的呢？一种不是完全严谨但较为形象的解释是，3GPP 类似以市场需求和技术驱动为基础的欧美国会。它的运行规则和核心价值体现与欧美的国会有相似之处，比如，两院制反映权力制约、公开透明的自由辩论等，如图 8.2 所示。

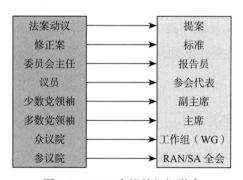

图 8.2　3GPP 会议的组织形式

具体而言，参加 3GPP 需要提交提案、制定标准。每个议题都有报告人，每个公司都有自己的标准代表。标准化讨论由主席、副主席主持，并有负责具体技术讨论的工作组（WG），如无线接入网物理层工作组 1（RAN1）、无线接入网无线层工作组 2（RAN2）、无线接入网网络架构工作组 3（RAN3）和无线接入网射频性能与协议测试工作组 4（RAN4）。此外，还有负责最终技术决策和进行标准立项规划的技术规范组（TSG）。它们都能在欧美国家的相关机构中找到。

标准会议的提案就像法案动议，如果你有解决就业问题的方案，就可以递交就业法案的动议；同样，如果你想降低 5G 通信的传输时延，可以提交一篇关于降低时延的提案。通过讨论，提案或动议可能被采纳、否决或者推迟讨论等。通过的法案动议最终将成为修正案，通过的提案最终将成为标准。修正案或标准生效后，所有行为或生产必须严格按照其规定执行。

欧美国家的国会设有多个委员会，独立于行政部门。例如，外交委员会、国防委员会、商务委员会等，主要职责是审议相关领域的法案。外交部、国防部、商务部等部门则依据这些法案开展具体工作。如果类比 3GPP 的一个工作组，则各个议题的报告员就像委员会主任，他们负责所牵头议题的标准化讨论。

各个公司的参会代表如同参加美国国会两院的议员，参会代表代表各公司的利益，而两院议员代表各自州或选区的利益。3GPP 的标准会议中，主席和副主席可以简单对应为两院的院长或者多数党和少数党的领袖。

欧美国家的国会中，众议院或下议院具有立法权，可以提议并讨论立法，而参议院或上议院通常被认为具有更高的决策权。例如，最高法院大法官的任命是由总统提名并经参议院投票决定的。参议院议员的任期为 6 年，而众议院议员的任期为 2 年。参议院通常更具党派特色，成员多为各党派的重要人物。在 3GPP 标准化组织中，具体的技术讨论由工作组负责，例如 RAN1 至 RAN4，这类似众议院的职能。而 3GPP 的最终决策权和技术发展方向的统筹由 TSG 全会决定。在 TSG 全会之上，还有负责 3GPP 整体时间规划和工作管理的更高决策机构——项目协调组（PCG）。

8.2.3　3GPP 三大定律

由于 3GPP 最初是由欧洲电信标准协会（ETSI）等标准化组织创立，因此 3GPP 会议的组织架构和工作制度非常类似欧美的国会制度。从标准技术讨论的角度看，这种架构有其优势所在，但也存在一些弊端，例如容易纠缠不清、内耗较大、讨论效率较低。为了规范 3GPP 的会议讨论、促进 3GPP 标准的公平和规范，我们总结了 3GPP 的三大定律。

3GPP 第一定律：制衡原则

- 参会公司无论规模大小，参会代表无论资历深浅，都有表达自己意见的权利，坚决避免出现"赢家通吃"的情况。这就如同一些西方国家中，无论州的大小，每个州的参议员都只有两位，这在一定程度上平衡了各州的利益。

- 同时，参会公司可以关联多家利益相关子公司，以增加票数，适当维护多数人的利益。当然，为了避免部分公司通过无节制注册关联公司来增加票数的情况，3GPP 对每家母公司能够注册的关联子公司数量设定了上限。截至目前，每家公司最多可注册 16 家关联子公司，即最多可直接拥有 16 票。这在一定程度上维护了大公司的利益。这与众议院的选举方式类似，众议员的名额是根据各州的人口比例分配的。人口越多的州可以推选出更多的众议员，从而更好地维护更多人的利益。

3GPP 第二定律：基于普遍共识

- 投票仅是反映现状的一种手段，但会议进展需要基于普遍共识，而非严格意义上的少数服从多数。标准通过的方案不一定是支持票数最多的方案，但一定是反对票数最少的方案。因此，努力达成共识是 3GPP 技术讨论的基石。

3GPP 第三定律：产业共赢

- 技术需要来自市场需求驱动，不能纸上谈兵，这样才能基业长青。3GPP 标准化技术的初衷是推动产业发展，其需求来自市场。当然，3GPP 不可避免地会制定一些未能产业化的标准，但标准的真正产业化往往取决于多重因素。
- 既要做大蛋糕，又要规避专利风险。尽可能扩展 5G 应用场景，从人人互联到万物互联，从地面通信到天地一体化，不断扩大产业规模，让每个参与的公司都能在发展中获益。同时，要尽量规避专利风险，因为每项专利都可能成为一个障碍。如果通往成功的道路上充满障碍，恐怕就没有人愿意继续前行。
- 后向兼容。尽可能保护和重用现有成熟的技术或设备。新版本尽量兼容旧版本，新基站兼容老用户，新用户兼容老基站，以确保资本投入的长期收益和可持续发展。
- 技术方案简洁而收益显著。不追求最优方案，而是追求能达成共识的方案。3GPP 通过的方案不一定是最优的方案，但一定是反对意见最少的方案。
- 按劳分配。如果一家公司的参会代表更多，则提交的提案数量更多且质量更高，主持的技术讨论也更多，自然公司的影响力就会更大，获得的立项或席位也会相应增加。

8.2.4　如何在标准化讨论中占据一席之地

在标准化讨论中，人们往往追随强者。要在 3GPP 标准化讨论中占有一席之地，就必须成为强者。

1. 精技术

首当其冲的就是精通技术，这需要不断提升专业能力，熟练掌握课题技术背景及方案细节，由点及面，建立跨功能、跨协议层的知识体系。一些资深的标准代表往往能够旁征博引，通过之前的讨论来支撑他们的观点。有时部分真话并不能反映真实情况，如果你对相关技术和讨论不了解，也无法辨别是部分真话还是事实。

2. 通进展

其次是通报进展，实时跟踪了解课题在标准不同工作组（WG）的讨论进展，以及所研究课题在通信产业的未来发展趋势，这也是非常重要的。一个特定的技术可能会贯穿多个工作组的讨论，而往往其他工作组的结论会直接影响自己工作组的讨论。虽然工作组之间有官方的交互，但并不是在所有情况下都存在。因此，实时掌握其他工作组的讨论是非常重要的。

3. 积极活跃

积极参加各种线上、线下讨论以及私下的社交活动也是一个重要的方面。无论是会上还是会下，保持思维敏锐活跃、灵活应变、善于谈判、不做沉默的强者。技术讨论固然重要，但善于交际同样重要。

4. 熟悉产品

最后一点是要熟悉产品，而不是纸上谈兵。深入了解不同方案在产品实现上的可行性及复杂度，这样才能更有理有据，有利于推进方案标准化。一些公司的参会代表拥有多年产品实现经验，丰富的产品经验将大大加深对问题理解的深入和全面性。

要想成为标准化讨论中的主导者，还需掌握以下几点。

- 藏好手中的牌，不要轻易谈交换，应谈技术优势、标准化进展和适用价值。尚未开战就谈交易，会让人觉得不上台面。交易通常是迫不得已的最后选择。
- 做一个听话的小跟班是没有前途的，别人对你的尊重是因为你让他感到存在威胁。
- 不要总是怀有被迫害妄想，目标未达成很可能是自身技术工作不到位。标准化工作需要具备承压能力，并保持足够的韧性。
- 若不想成为失败者，只有一条出路：成为本领域会场上最出类拔萃的前 5%。

8.2.5　如何解决分歧达成共识

标准制定不等于少数服从多数。在 3GPP 会议讨论中，经常出现各家公司观点相斥、迟迟不能达成一致的情况。这时要坚持不懈，但不能固执，应积极寻找方法解决分歧、达成共识。

1. 寻找融合 / 共赢方案

方案难以达成一致时，切记不要一味僵持，否则可能导致全盘皆失。要善于针对双方"痛点"，寻找可以实现共赢的融合方案。

2. 谈判 / 交易

与强烈反对方沟通时，可尝试寻找与对方在其他议题上的合作点，以实现利益交换。天下没有谈不成的买卖，只有谈不拢的价钱。

3. 转换战场

当某一工作组（WG）内部难以达成一致时，可以通过联络函（LS）等方式将问题和矛盾转至其他话语权更强的 WG。不同公司在不同 WG 的投入及话语权可能存在差异，可以充分利用这一点以获得更多主动权。

8.2.6　标准化代表之间的相处之道

标准化工作中，代表们虽然来自不同公司，在会议期间可能是竞争对手，但更重要的是，大家都是为了共同的目标而努力，提出不同的解决方案，通过激烈讨论最终达成共识。与此同时，代表们之间也有一些相处之道。

1. 以诚相待

除会议外，日常工作中代表们也可以加强技术交流，相互探讨技术问题。需要注意的是，利益虽至关重要，但不应单纯以利益为目的交朋友，任何结识的朋友都可能在关键时刻成为盟友。

2. 会场内外角色转变

在会场内外需要做好角色转换，会场内"先公司，后个人"；会场外"先个人，后公司"，避免因技术讨论中的立场不一致而影响私下感情。

3. 社交

会议之外，标准代表们还应积极参加各种社交活动，加深彼此的了解和友谊，这不仅有助于缓解会议讨论时的紧张气氛，也能为日后的合作奠定基础。

标准化过程中，技术角逐是必然的，但应讲求相互尊重、真诚相待，在激烈的讨论中达成共识，同时注重个人情谊的培养，这将有助于各方实现长期的合作共赢。

8.3 标准化实践案例

本节将通过标准化案例的方式，更加形象地介绍标准化的讨论过程。需要注意的是，本节的案例主要从技术和流程角度展开介绍，而未涉及案例背后更为敏感的利益争夺。

8.3.1 ITU 频谱争议

频谱之于无线通信，犹如土地之于主权国家，是无线通信中最根本、最重要、涉及利益方最多、争夺最为激烈的资源。本案例以 2019 年世界无线电通信大会（World Radiocommunication Conference 2019，WRC-19）的 1.13 议题——毫米波国际移动通信（International Mobile Telecommunications，IMT）频谱标识为例，介绍各利益方如何争夺毫米波频谱资源。

为方便理解，我们将首先介绍国际电信联盟（International Telecommunication Union，ITU）及 WRC 会议的讨论流程，然后再讲述具体的争论过程。

ITU 是主管信息通信技术（ICT）事务的联合国专门机构，但在法律上并非联合国的附属机构。它的决议和活动无须联合国批准，但每年需向联合国提交工作报告。ITU 现有 193 个成员国，总部设在瑞士日内瓦。与 3GPP 不同，这里的几乎每个座位都配备了话筒，研究组（Study Group, SG）及以上级别的会议配有六种语言的同声传译，而 SG 以下级别的会议则需要全部使用英语。

ITU 分为 3 个部门，这里介绍的案例与国际电信联盟无线电通信部门（ITU-R）相关。ITU-R 负责协调无线电业务，并在国际层面管理无线电频谱和卫星轨道。通过实施《无线电规则》和区域性协议，ITU-R 确保无线电通信系统的无干扰运行，并保证无线电频谱和卫星轨道资源的合理、公平、有效和经济利用。《无线电规则》是指导无线电频谱和卫星轨道使用的国际条约，其中规定了无线电频谱的划分、无线电系统之间共享频谱的技术条件、协调方法等内容。

WRC 会议每三至四年举行一次，负责审议并在必要时修订《无线电规则》。在2019 年召开的 WRC 会议称为 WRC-19，地点在埃及的沙姆沙伊赫，来自 ITU 165 个成员国的超过 3500 名代表参加了 WRC-19 大会。1.13 是 WRC-19 议题的序号，WRC-19 议题 1 包括 1.1、1.2、……、1.16，另外还有议题 2 ～ 10。如图 8.3 所示，每次 WRC 会议需要确定下次 WRC 的议题，在 WRC-15 会议上，确定设立 WRC-19 1.13 议题，为 IMT 的未来发展寻找频段，并给出了候选频段：24.25 ～ 27.5 GHz、

31.8 ～ 33.4 GHz、37 ～ 40.5 GHz、40.5 ～ 42.5 GHz、42.5 ～ 43.5 GHz、45.5 ～ 47 GHz、47 ～ 47.2 GHz、47.2 ～ 50.2 GHz、50.4 ～ 52.6 GHz、66 ～ 76 GHz、81 ～ 86 GHz。

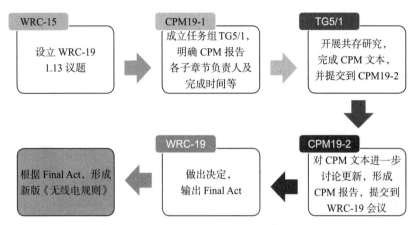

图 8.3　毫米波频段标识标准化研究进程

在 WRC 会议结束后一周，将召开下一次 WRC 的准备会议，即大会筹备会议（CPM 会议）。具体而言，在 WRC-15 会议结束后一周，召开了 WRC-19 的第一次准备会，即 CPM19-1 会议，为 WRC-19 的各个议题指定负责组和贡献组，明确任务完成时间，并确定 CPM 报告的章节及其负责人。由于议题 1.13 涉及频段较多，内容较为复杂，CPM19-1 会议决定成立专门的任务组 TG5/1，负责研究 WRC-19 1.13 议题。同时，还指定了相关议题的贡献组，包括 5D 工作组（WP5D）、4A 工作组（WP4A）、3K 工作组（WP3K）等，提供相关参数和路径损耗模型等支持。

接下来，从 2016—2018 年，TG5/1 任务组对候选频段进行了研究，并完成了 CPM 文本的撰写。CPM 文本包含共存研究结果的总结，以及标识 IMT 的方法和技术条件的选项，同时提出了相应的无线电规则修订建议。随后，在 2019 年初召开了 CPM19-2 会议，对 CPM 文本进行了进一步讨论和修订，最终形成了 CPM 报告。CPM 报告中提供了多种选项，提交至 WRC-19 会议。在 WRC-19 会议上做出最终决定，并形成最终文件（Final Act）。Final Act 中包含对《无线电规则》的修改和新增内容，由各成员国签署。随后，根据 WRC-19 的 Final Act 更新《无线电规则》，发布了 2020 版的《无线电规则》。

无线频谱是一种有限的资源。由于无线通信技术的飞速发展，目前可用的优质频谱资源已被各行各业瓜分殆尽，在这些频谱中已难以找到新的空闲频段分配给某一业务单独使用。为某一应用指定新的频段时，需要考虑对该频段现有业务的保护。

WRC-19 1.13 议题涉及的频段较多,每个频段都需要权衡与多种现有业务的共存问题。

IMT 产业当然希望争取更多频段,以支持 IMT 产业的持续发展。同时,对于争取到的频段,希望在产品制造和网络部署中不受过多限制。而现有业务方则不希望自己正在使用的频段与其他业务共享,即使需要共享,也希望设定严格限制,确保不会对自身应用造成干扰或限制。

图 8.4 展示了 WRC-19 1.13 议题中一些需要进行共存研究的场景,可以看出需要共存的业务种类繁多,包括卫星固定业务(上行、下行)、卫星间业务、卫星地球探测业务(无源)、射电天文(无源业务)、无线电导航业务、固定业务、汽车雷达等。因此,IMT 频段的标识面临着巨大挑战。

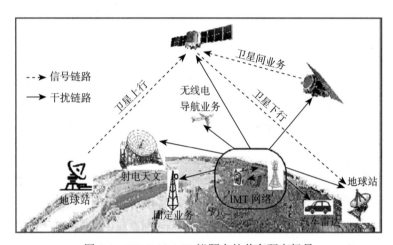

图 8.4　WRC-19 1.13 议题中的共存研究场景

在议题研究过程中,现有业务方,包括欧空局(ESA)、全球卫星运营商协会(GSOA,原 ESOA),以及来自中国的国家卫星气象中心、中国卫通、航天五院等,向 IMT 方提出了各种问题和要求,IMT 产业面临着来自国际和国内的多方压力。

IMT 伙伴(包括运营商、设备商、终端厂商、芯片厂商等)依托全球移动通信系统协会(GSMA)形成合力,参与共存研究工作,输出研究成果,证明在共存时不会造成干扰,或从多个角度提出频谱共存时避免或降低干扰的方法,从而解决干扰问题。在此过程中,IMT 产业组织和各公司代表积极参与各种会议讨论,包括 TG5/1、WP5D、WP3K 等 ITU-R 会议,各区域组织会议,以及多个国家的协调会议,积极推动产业研究成果被更多会议接受,争取更多国家的支持。同时,开展毫米波设备研发,构建产业生态,并通过世界移动通信大会(MWC)展示和宣传毫米波研发成果，扩大 IMT 产业影响力。

IMT 方和现有业务方立场不同，在许多方面存在分歧。例如 26GHz 频段，为了保护邻频的卫星地球探测业务（EESS）(无源)，对 IMT 设定怎样的带外辐射限值成为会议争论的焦点之一。如表 8.1 所示，会议收到了来自多个国家和产业组织提供的不同共存仿真结果，并提出了各自的指标建议。各国代表对此存在较大意见分歧。

表 8.1　26 GHz 带外辐射限值

区域组织 / 国家		建议的带外辐射限值（dBW/200MHz）	
		IMT 基站	IMT 终端
ASMG		−32	−28
ATU		−32	−28
CEPT		−42	−38
CITEL		−28	−28
RCC		−49	−45
APT（未形成一致意见）	澳大利亚	−37	−33
	中国	−37 ～ −44	−33 ～ −40
	印度	−35	−35
	日本	−42 ～ −34	−38 ～ −30
	韩国、文莱、柬埔寨、老挝、新加坡	−28	−24
	新西兰	−28 ～ −37	−24 ～ −33
	越南	−33.5	−29.7

在 ITU-R，全球分为 6 个区域组织，分别为亚太、中东、非洲、欧洲、美洲和独联体区域。各区域组织会分别召开会议，并将区域组织的提案提交至 WRC。此外，各成员国也可以以单个国家的名义或几个国家联合名义向 WRC 提交提案。

在 WRC，最终由各个国家做出决定，而不是公司。当然，各国在形成自身立场的过程中，会考虑本国的产业发展，并与相关企事业单位共同协调国家立场，因此企业在此过程中发挥着重要作用。

各国都有相应的政府机构负责相关事宜，例如我国的工信部、美国的联邦通信委员会（FCC）、英国的通信管理局（OFCOM）、法国的国家频率管理局（ANFR）等。

对于 WRC-19 会议，我国派出了由工信部牵头，包括相关政府部门、科研单位、通信运营商、设备制造商、卫星操作者等代表的共 150 余人组成的代表团。除了参加会议，中国代表团还积极开展国际交流，与国际电联高层、各国代表、各大区域组织、金砖国家以及一些企业代表进行了双边和多边交流。与 3GPP 会议一样，这里也有激烈交锋、合纵连横和利益交换等情况。

WCR-19 1.13 议题是 WRC-19 大会各国关注的重点之一，经过 4 个星期会上、会下无数次的交流和讨论，直到闭幕式的前一天晚上，大会才就该议题达成一致意见，其中 24.25 ～ 27.5GHz、37 ～ 43.5GHz、66 ～ 71GHz 在全球范围内标识给 IMT，45.5 ～ 47GHz 和 47.2 ～ 48.2GHz 在部分国家标识给 IMT，共计 17.25GHz 频谱。

为保护邻频 EESS（无源），对 24.25 ～ 27.5GHz 频段 IMT 设定的带外辐射限值，最终规定如下。

基站限值：现阶段为 -33dB（W/200MHz），2027 年 9 月 1 日后加严至 -39dB（W/200MHz）。

终端限值：现阶段为 -29dB（W/200MHz），2027 年 9 月 1 日后加严至 -35dB（W/200MHz）。

这样分阶段的限值，是考虑到，在刚刚标识的前几年，IMT 毫米波基站数量较少，可采取较宽松的限值；几年后，随着毫米波基站数量逐渐增加，则需采用更严格的限值，从而保证对邻频现有业务的保护。这些限值被写入了《无线电规则》第 750 号决议中。

WRC-19 大会已经结束，但其影响将持续。预计其结果将影响未来 10 ～ 20 年全球数万亿美元的无线电技术、应用及相关产业的融合发展。毫米波的频谱标识工作已完成，但毫米波的 5G 产品研发和市场部署仍在继续。

前面提到在 WRC 会议上，需要确定下一届 WRC 的议题。在 WRC-19 会议上，确定了 WRC-23 的议题，其中包括为 IMT 标识频段的议题，即 WRC-23 议题 1.2。新的周期由此开始。

8.3.2　5G 赋能垂直行业：网络切片技术

毫无疑问，4G 技术取得了巨大的商业成功，催生了短视频、在线游戏等大量现象级的应用。那么，5G 是一代成功的移动通信技术吗？希望通过本案例能够从一个侧面解答这个问题。

网络切片是一种按需组网的方式，可以让运营商在统一的基础设施上划分出多个虚拟的端到端网络。每个网络切片从无线接入网到承载网再到核心网都进行逻辑隔离，以适配各种类型的应用。在一个网络切片中，通常可分为无线网子切片、承载网子切片和核心网子切片三部分。

网络切片是基于逻辑的概念，是对资源的重组，重组是根据服务等级协议（SLA）

为特定通信服务类型选定所需的虚拟机和物理资源。

进一步，切片是如何在 3GPP 标准化的呢？如图 8.5 所示，中兴通讯从第 14 版本（R14）开始进行切片相关的技术研究，在第 15 版本（R15）开始定义需求、研究通用技术实施方案并定义接口，完成了切片的定义和架构设计，以及切片选择、签约和切片模板管理接口的定义。在第 16 版本（R16），进行了切片管理增强及 4G 和 5G 互通切片增强；在第 17 版本（R17），又更新了切片模板的支持。

图 8.5　3GPP 网络切片标准化流程

完成标准化工作之后，切片得以实现并广泛应用于垂直行业，具体应用场景如表 8.2 所示：

表 8.2　网络切片的应用场景

行业	业务	场景
能源	智能电网	差动保护、配电三遥（遥信、遥测、遥控）、精准负控、高级计量、机器人巡检、应急通信等
工业	智慧工厂	柔性制造、VR 透明工厂、智能工具箱、机器人协同控制、机器人视觉质检、生产环境监测
交通	智慧交通	车车通信 V2V（碰撞告警、车辆编队等）、车路协同 V2I（交通信息广播、信号灯预警等）、行人告警 V2P、车载娱乐 V2M（高清视频、地图导航等）
医疗	移动远程医疗	移动医疗车、远程会诊、应急救援、远程机器人超声、远程机器人查房
市政	民生服务和社会治理	平安综合管理、环保卫生监测

网络切片技术的一个典型应用场景是智能电网（图 8.6），其涉及配网差动保护终端、本地数据交换以及与用户之间的数据采集，这些都需要低时延、高可靠的端到端网络，因此应用了超可靠低时延通信（URLLC）切片。另一个例子是智能工厂（图 8.7），工厂内各种设备的控制可以通过工业园区小微切片实现，相当于建立了一个园区专用的小型网络，用于实现安全私密的数据交换，并与运营商的公共切片实现资源隔离。

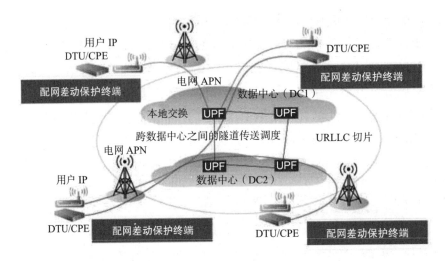

图 8.6　网络切片技术在智能电网中的应用

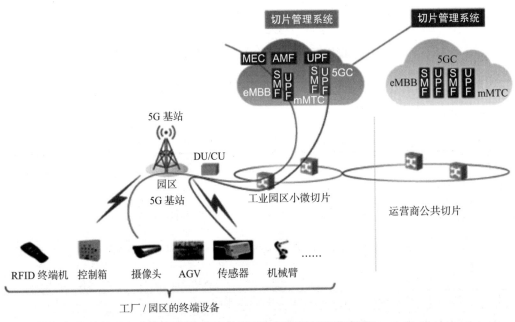

图 8.7　网络切片技术在智能工厂中的应用

8.3.3　混合自动重传请求技术

　　当前被广泛使用的大数据量传输无线通信技术体系主要包括由 3GPP 制定的 4G/5G 技术和由电气电子工程师学会（IEEE）制定的无线局域网（Wi-Fi）技术。两种技术有诸多共同点，但在底层基础技术上存在明显差异。本节主要介绍混合自动重传请求（HARQ）技术在两种技术体系中不同的标准化结果。

　　无线通信系统旨在将发送端发出的无线信号通过无线环境传输到接收端（需要注意的是，这里的接收端不一定是最终数据的接收端，而是无线传输中的两个节点之一）。通信系统首先要确保信息能够完整、准确地传输到接收端。然而，无线通信系统的一个天然缺陷在于无线传输环境的变化性、复杂性以及易受干扰性。尽管如此，无线通信的最大优势在于，借助无线电波传递信息的特性，人们可以免去铺设导线的烦琐，实现更加自由、快捷且无障碍的信息交流与沟通。无数无线通信领域的先驱和科学家不断努力，从编码、调制与解调、协议栈设计等多个方面入手，致力于降低多变无线信道的影响。从 1G 到如今万物互联的 6G，无线通信系统不仅深刻改变了人们的生活方式，还成为加速社会数字化和信息化进程的重要引擎。一代代移动通信系统都对无线信道的影响提出了许多技术解决方案，其中 HARQ 便是其中一项重要的基础技术。

　　无线通信系统为了保证传输的可靠性，设计了传输与确认机制，即发送端在发送无线数据后，会等待接收端对该无线数据传输的确认。当接收端正确收到该数据后，会回复一个确认（ACK）。发送端收到该 ACK 后，即判定传输成功，然后继续传输后续数据。然而，如果接收端未能正确接收到该数据帧呢？针对这种情况，在3GPP 定义的移动通信系统中引入了 HARQ。

　　通过前向纠错（FEC）和检错重发（ARQ）技术来支撑 HARQ 技术。其中，FEC 技术是指对信息进行冗余编码，以实现传输误码纠正。ARQ 技术是指在接收端正确接收数据包时，向发送端反馈 ACK；如果未正确接收数据包，则反馈 NACK。若发送端接收到 NACK，则执行重传

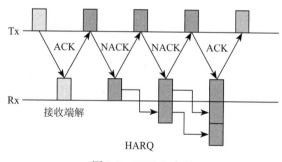

图 8.8　HARQ 流程

操作，重新发送相同的数据包。如图 8.8 所示，接收端对数据包的接收出现错误，因此回复了 NACK。然而，接收端可以保存接收的错误数据包，并与后续接收的错误数据包进行合并处理，从而获得增益。因此，从图中可以看到，尽管第三次重传可能仍然存在错误，但通过多次传输数据包的合并处理带来的增益，可以判断该数据包为正确，从而回复 ACK。从上述描述可以看出，HARQ 技术是一种非常基础的通信技术，就如同我们在日常谈话中，针对存在歧义的表达，会通过确认和重复表述

来确保信息的正确传达。

目前，5G HARQ 提供了介质访问控制（MAC）层的快速重传和无线链路控制（RLC）层的 ARQ 两种重传机制，通过 MAC 和 RLC 双重机制确保数据包的正确接收。

MAC 层的 HARQ 提供快速重传。重传可以采用不同的编码冗余版本（RV），从而增加了重传的灵活性。如图 8.9 所示，不同的 RV 意味着从环形缓冲器的不同起始位置提取要发送的比特。每个 RV 版本根据速率匹配输出的不同部分，从而提高了接收器成功解码的概率。

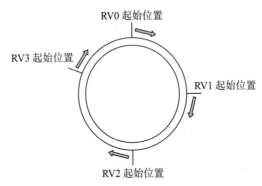

图 8.9   MAC 层 HARQ 重传不同 RV 版本起始位置示意图

RLC 层的 ARQ 提高数据传输可靠性。即使 MAC 层进行了 HARQ 处理，单系统中仍然可能存在错误。为处理这些错误，RLC 具备慢速重传机制。

HARQ 的码本有两种类型。

半静态码本：码本大小是预定义或配置确定的。由于提前确定，因此不随实际数据调度情况动态改变。方法简单易实现，但不够灵活。

动态码本：基于动态控制信令指示生成，码本大小会根据实际的数据调度情况动态变化。该方法灵活，但开销较大。

图 8.10 展示了物理下行共享信道（PDSCH）与其相应的 HARQ-ACK 信息反馈的物理上行链路控制信道（PUCCH）或物理上行共享信道（PUSCH）之间的时隙偏移值（k1）。在 3GPP 长期演进技术（LTE）中，这个偏移值是固定的，但在 5G 新空口（NR）中，为了提高调度的灵活性，可以通过无线资源控制（RRC）和下行控制信息（DCI）动态指示 k1。

除了 3GPP 定义的移动通信系统（1G ～ 5G）外，还有许多其他标准化组织，不同的标准化组织侧重不同领域。在无线局域网领域，IEEE 制定的 802.11 标准是主流标准。智能终端标配的 Wi-Fi 技术就是基于 IEEE 802.11 标准实现的。

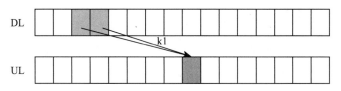

图 8.10　PDSCH 与 PUCCH 或 PUSCH 之间的时隙偏移

IEEE 802.11 负责制定无线局域网的标准规范，涵盖 MAC 层和物理层（PHY）。无线局域网技术产业联盟（Wi-Fi Alliance）负责制定基于 IEEE 802.11 的技术产品规范和测试规范，并促进设备的互联互通。Wi-Fi，也称为国际 Wi-Fi 联盟组织（WFA），与 IEEE 802.11 相辅相成，共同推进无线局域网技术和产业的发展。

IEEE802.11 是基于载波感知多路访问 / 碰撞避免（CSMA/CA）并以分布式竞争为基础，工作在免授权频段，其显著特征是低复杂度、低成本。而 3GPP 定义的移动通信系统（1G ～ 5G）是基于中心控制的机制。

IEEE 802.11 保证数据传输可靠性的两种机制：

帧校验序列（FCS）。在每个数据包后面包含一个 32 位的校验位，用于校验当前数据包是否传输正确。

块反馈（Block ACK，BA）。发送端可以将多个数据包聚合成一个聚合媒体协议数据单元（A-MPDU），接收端可以对该多个数据包进行回复。正确的位置为 1，错误的置为 0。这样，发送端就可以知道哪些数据包传输错误，哪些传输正确。

HARQ 技术在 IEEE 802.11ax（Wi-Fi 6）和 IEEE 802.11be（Wi-Fi 7）立项时，都被视为一种重要的潜在传输效率提升技术。然而，在 IEEE 802.11 的增强技术中，包括正交频分多址（OFDMA）、Multi-TID A-MPDU 和 Multi-TID BA。其中，OFDMA 允许多用户进行频分复用，而 Multi-TID A-MPDU 和 Multi-TID BA 则可以对多个业务的数据进行聚合并确认回复。

因此，HARQ 技术能够解决的问题可以概括为：

1）所有聚合的数据帧都是错误的。但是，在现有聚合数据帧中，对每个数据单独校验，全错的概率很低，属于边缘情况。

2）传输错误会给接收端带来一定的合并增益，但会显著增加复杂度，并对内存需求较高。增益与付出不太成正比。

从上面可以看出，目前 IEEE802.11 没有引入 HARQ 的原因有多个。此外，结合上述移动通信网和无线局域网技术中引入 HARQ 的技术分析，可以发现，同一种技术在引入不同系统时，需要结合系统自身的特点。

8.3.4 灵活帧结构与灵活双工

本案例介绍了灵活帧结构和灵活双工的标准化及产品实现，旨在展示一项技术的具体标准化过程。具体包括需求提出、标准化、产品实现，以及通过标准增强解决产品实现问题等。

通信系统一般分为频分双工（FDD）系统和时分双工（TDD）系统。在 FDD 系统中，上行信号和下行信号分别在不同的频点上传输。以公路为例，FDD 系统就像为不同方向的车辆划分不同的车道。FDD 系统要求成对的频谱，分别分配给上行和下行传输，如图 8.11 所示。TDD 系统只需一块频谱，在时间维度上切分给上行和下行传输，如图 8.12 所示。TDD 帧结构用于在时间维度上切分上下行资源，例如，DDDSU 表示前三个 D 时隙传输下行，最后一个 U 时隙传输上行，中间的 S 时隙包括上下行以及上下行切换间隔。

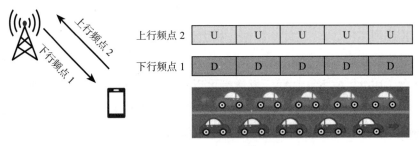

图 8.11　FDD 系统

在 TDD 系统中，上行信号和下行信号分别在不同的时间进行传输。仍以公路为例，TDD 系统就像为不同方向的车辆划分不同的时段，类似当前的可变车道。TDD 帧结构应尽量与系统的上下行业务需求相匹配。如果 TDD 帧结构与上下行业务需求不匹配，例如上行业务繁忙，而帧结构却将大部分资源分配给下行，那么系统的运营效率将会受到影响。

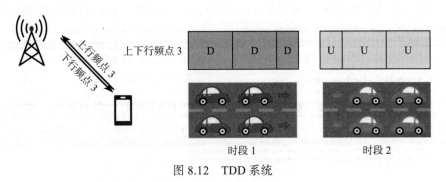

图 8.12　TDD 系统

为了使 TDD 帧结构与系统的上下行业务匹配，各公司提出了灵活帧结构方案，即将部分时隙配置为灵活时隙，灵活时隙的传输方向由基站动态指示。在标准化讨论中，灵活时隙一般也称为 X 时隙，如图 8.13 所示。

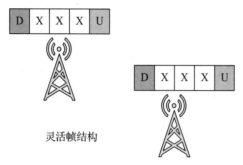

图 8.13　灵活帧结构

例如，基站配置 DXXXU 帧结构，中间三个 X 时隙为灵活时隙。当下行业务占主导时，基站指示 2 个灵活时隙传输下行，另 1 个灵活时隙传输上行；当上行业务占主导时，基站指示 3 个灵活时隙传输上行，如图 8.14 所示。

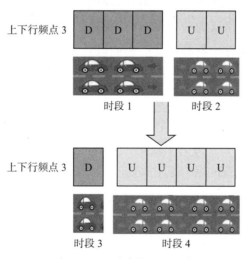

图 8.14　X 时隙的灵活调度

当灵活帧结构方案引入标准后，大家开始准备实现并部署这一方案。然而，在这一过程中，业界发现灵活帧结构会导致系统内的跨链路干扰较为严重，且难以解决。如图 8.15 所示，基站 1 以下行业务为主，基站动态调整帧结构为 DDDUU；基站 2 以上行业务为主，基站动态调整帧结构为 DUUUU。在第 2 和第 3 时隙，基站 1 发送的下行信号会干扰基站 2 的上行信号接收。由于基站的下行信号发送功率较大，干扰问题尤为严重。

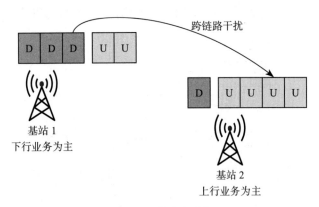

图 8.15　跨链路干扰

4G LTE 和 5G NR 都标准化了灵活帧结构方案，但由于上下行干扰问题，基本没有产品实现或商用灵活帧结构方案。

针对上述灵活帧结构的不足，5G-Advance 进一步对灵活双工进行研究，计划在标准中引入子带全双工。然而，各公司对如何解决邻频跨链路干扰以及在何处解决存在较大分歧。一些公司认为应在 WG1 中解决，WG1 主要研究物理层技术，适合探讨邻频跨链路干扰对吞吐量等性能的影响以及相应的解决方案。另一部分公司则认为应在 WG4 中解决，WG4 主要负责制定邻频干扰指标等。当然，也有一些公司选择"躺平"，认为无须研究跨链路干扰。

当标准化讨论出现分歧时，如何解决这些问题呢？3GPP 有一套完整的架构和机制。首先，3GPP 从下往上分为工作组（Working Group，WG）、技术组（Technical Specification Groups，TSG）和项目协调组（Project Coordination Group，PCG）。如果与法院体系类比，WG、TSG 和 PCG 分别相当于基层人民法院、中级人民法院和最高人民法院，如图 8.16 所示。3GPP 采用基于共识的机制（Consensus-Based），即只有在没有任何公司反对的情况下，一个方案才能正式通过。如果工作组无法解决分歧，可以上报给技术组，由技术组的主席协调解决，这一过程类似上诉。一般情况下，大部分问题都可以在这个层面得到解决，无须提交到项目协调组。当然，如果在技术组仍无法达成一致，可以在技术组尝试通过正式投票机制解决。根据 3GPP 的规则，正式投票时，方案需获得超过 71% 的公司支持才能正式通过。

针对本节中提到的分歧，WG1 和 WG4 将问题上报至 RAN，RAN 主席协调各公司观点，最终各公司同意由 WG1 和 WG4 分别研究性能和射频指标，并互相协作。

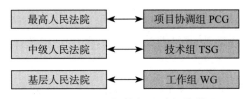

图 8.16 3GPP 架构与法院机构类比

最后，我们用三句话总结本案例。

第一，并不是所有标准化的技术都会被产品实现。

第二，一般来说，初期协议版本中的基础技术会被产品实现。随着时间推移，技术产品化的概率逐渐降低。

第三，产品实现需要综合考虑各种因素，例如复杂性、成本、市场、技术储备、专利储备等。

我们可以发现，一项技术要最终被标准化和产品化，需要经历一轮又一轮的筛选，这个过程可能漫长且艰辛。也正因为如此，自己研究和推动的技术最终被标准化组织采纳并在现网中部署，是一件非常有成就感的事情。

8.4 标准化工程师的职业生涯

经过前面的阐述，相信读者对标准预研工作的内容已经有了基本的认识。在这一领域，相关的工作岗位在不同公司可能有不同的称谓，比如"标准化工程师"或"技术预研工程师"。本节将以移动通信领域为例，介绍这一工作岗位，主要包括岗位简介、标准化工程师的日常工作内容以及职业发展等。

8.4.1 岗位简介

首先，标准化工程师站在信息时代的前沿，引领着通信行业的未来。该岗位的工作大体上可以分为三个部分：研究前沿技术、撰写专利、参加标准会议。在这里，你将有机会参与国际顶级学术会议，与各公司资深专家探讨未来技术方向；在这里，你将有机会将科研成果写入专利，把科研成果转化为现实；在这里，你将有机会参与国际重要标准会议，用标准规范产业发展。

标准化工程师的职责如下：

1）负责无线通信前沿技术研究，包括物理层、MAC 层、网络架构、核心网等关键技术，旨在发现新的场景和需求用例，提出相应的技术方案，并对新技术方案进行验证评估。这一部分即业内常说的"后台"工作，需要投入时间和精力进行深入研究，只有技术方案性能更优且对协议影响更小，才能在后续标准化工作中更有可能被纳入标准。

2）标准提案和专利撰写等工作。这部分工作一方面是为每次会议准备标准提案，用于会议中的交流讨论；另一方面是对本公司方案进行专利保护，这样当专利方案被标准采纳时，就能为公司和产业做出更大贡献。

3）代表公司在国内外标准化组织中推进所提出的技术方案，例如推动在标准化组织 3GPP 的落地，提升公司技术领先形象，共同建立良好的产业生态。在本书的 8.2 节和 8.3 节中，通过知识分享和案例的形式更为详细地介绍了标准化讨论的过程。

那么怎样才能成为一名合格的标准化工程师呢？首先，需要具有良好的数学基础，在技术预研过程中，常常需要进行数学建模、推导，以解决实际问题；其次，良好的英语听说读写能力是必不可少的。前面提到的提案撰写、分析、技术研讨、专利撰写、国际会议讨论等许多工作都需要以英语进行交流，日常工作中相当一部分内容也需要具备良好的英语听说读写能力。同时，还需要从业者具备扎实的通信基础，熟悉通信原理、信号处理、控制理论以及计算机相关理论，能够熟练使用 MATLAB、Python 等编程语言对技术方案进行仿真验证。

8.4.2　日常工作

前面介绍了标准化工程师的岗位职责及要求，那么具体来说，作为一名标准化工程师，他的日常工作是怎样的呢？

标准化工程师的日常工作围绕一次次的标准会议展开。在非会议期间，主要从事方案研究和专利保护工作；而在会议期间，则需参与各种标准会议，进行标准推动和会议交流。日常工作内容如图 8.17 所示。

具体而言，围绕每次会议周期，标准化工程师的日常工作可以分为三个阶段。

第一，在通信技术发展过程中，有许多问题需要解决，现有技术也需要逐步迭代优化。在方案研究阶段，我们需要发散思维，对未来技术和现有技术进行多方面思考，发现问题。只有发现问题，才能解决问题，进而提出方案，为后续工作奠定基础。在发现问题之后，需要针对具体问题提出初步的解决方案，这时可能是一个较为宏观的方案。通常情况下，技术方案会在项目组内进行充分交流。在这一过程中，可以通过头脑风暴，充分交换各自的观点和意见。首先，需要确认问题的提出是否具有必要性，初步方案是否具体且合理，通过集思广益，借助大家的智慧相互检验。在交流过程中，也可能激发出许多新颖的思路，从而促进方案的细化和优化。基于讨论结果，后续将进一步进行研究，丰富和完善方案，最终输出成型的技术方案。

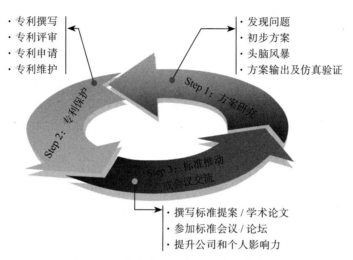

· 专利撰写
· 专利评审
· 专利申请
· 专利维护

· 发现问题
· 初步方案
· 头脑风暴
· 方案输出及仿真验证

Step 2：专利保护

Step 1：方案研究

Step 3：标准推动
或会议交流

· 撰写标准提案/学术论文
· 参加标准会议/论坛
· 提升公司和个人影响力

图 8.17　标准化工程师的日常工作内容

第二，在方案输出后，需要及时对方案进行专利保护，这一过程涉及专利撰写、专利评审、专利申请和专利维护四个部分。专利撰写主要是将技术方案清晰地描述出来，形成技术交底书，然后公司会委托专门的专利代理人根据技术交底书撰写权利要求书和专利说明书。在此过程中，要与代理人充分沟通，确保方案得到准确、全面的保护。专利评审通常包括国家/授权评审、潜在基本专利（PEP）评审、基本专利（EP）首次评审和 EP 复核。需要注意的是，不同公司在这些评审环节可能有不同的处理流程，但主要目的是在技术专家和知识产权专家的协助下，对已申请专利的创新性、新颖性和完整性进行评估。专利维护则是根据专利所保护技术方案的标准化进程进行的一系列维护工作，同时由知识产权专家对专利进行持续运营管理。

第三，还有很重要的一部分工作内容是进行标准推动或会议交流。标准推动主要是在各个标准化会议中，根据各议题对自己的技术方案进行标准化讨论，并推动标准的落实，使其尽可能贴近本公司的方案。具体来说，在会议前，需要结合每次会议议题的进展情况撰写标准提案，并对各家公司提案进行分析，做到知己知彼。提案分析可以帮助我们了解与自身方案相同或相似的方案，以便在会议中争取对方的支持。针对不同的方案，也可以进行分析，找到对方方案的漏洞和不足。同时，还应对自己的方案进行查漏补缺，弥补不足之处。在标准会议进行时，我们需要作为代表与其他公司的代表进行交流讨论，为自己的方案争取更多支持，推动本公司方案纳入标准。标准会议后，还要及时进行会议分析，调整或细化技术方案。除了围绕标准会议进行的一系列活动，学术交流也是日常工作中不可或缺的一部分。有些技术方案涉及的议题可能尚未进入标准会议阶段，这时需要通过学术会议的交流与讨论，争取相关议题的更多支持者，促进议题立项，同时也能在交流中不断完善和丰富我们的技术方案。

如上所述，标准化工程师的日常工作基本涵盖这三大块内容，互相联系、互相推动。当然，我们所有工作的最终目标都是推动自身技术方案的标准化。

8.4.3 职业发展

本节讲述大家非常关心的一个问题——标准化工程师的职业发展道路是怎样的？这里将主要从职业发展的技术路线为读者进行详细讲解。

首先，刚入行的第一个阶段就是"标准化工程师"阶段，这一阶段所对应的技术职级一般为初级或中级工程师。这一阶段，更多是以专利发明者、提案撰写者以及标准代表的身份开展相关工作。标准化工程师的工作内容相对基础，包括针对各个项目议题下的问题进行方案设计，对方案中的算法进行仿真验证；总结方案并进行专利撰写、论文撰写，为每次会议准备提案；作为代表参加国内外的标准会议，在会议中推动公司方案的标准化。在这一阶段，需要更加注重全面能力的提升，并培养创新思维。

经过上一阶段的经验积累和能力提升，将进入下一个阶段——"资深标准专家"阶段。在这一阶段，会成为项目中的核心技术骨干或公司的资深标准代表。工作内容与上一阶段相比有了本质区别，主要侧重于核心方案和系统架构的设计；同时，还需承担更多决策和外部推进工作，负责标准项目的管理和落实。此外，在国内外标准化组织及会议中，资深标准专家需要牵头讨论标准化议题。在这一阶段，需要更多地提出创新方案，成为标准项目整体推进的主力军。

第三个阶段是"行业领袖"阶段，这一阶段是标准化工程师职业化道路上的重要里程碑。通常在行业内具有较高的威望，在各公司内部也往往达到技术副总裁级别。在"行业领袖"阶段，其工作内容已不再局限于某个方案或项目，而是致力于组织与攻关开拓性创新技术，进行外部协调以促进行业发展，并在国内外重要的标准化组织中担任副主席或主席等职务。在这一阶段，既是公司技术创新的推动者，也是行业发展的引领者。